台灣+日本÷2說不定更好

矢板明夫的台日大比較

(TAIWAN+JAPAN)÷2

八旗文化──編輯

目次

輯二 日本社會的這些現象，僅供台灣參考

輯三 全世界最喜歡安倍前首相的，是台灣人

輯四 社會文化介於中日之間的台灣，好像越來越日本化了

自序　我的「天命」多了一個

二〇二二年十月，我滿五十歲。小時候過生日，每次都很高興，因為可以吃到蛋糕，還會得到家人和朋友的祝福。更重要的是，自己離成為「大人」又近了一步，越來越獨立，可以做更多自己想做的事情。

但是，最近這幾年，過生日的喜悅越來越少了。按照《論語》的說法，五十歲已經到了「知天命」的年齡。也就是說，該知道自己生而為人，被上天賦予的職責和使命是什麼了。

想起二十幾年前，我還在松下政經塾學習的時候，塾長和塾頭（教務長）經常耳提面命，敦促我們思考自己人生的目標。當時的塾頭岡田邦彥先生的一句話，給我留下了深刻的印象。他說：「要洞察時代的潮流、設法找到自己的天命，去做『只有你能做』的事情。」

這也正是我近幾年，一直在思考的問題。如何利用有效的時間，做一些更有意義的事情。過去當記者，每天想的，都是如何拿到獨家新聞、如何能寫出更有說服力的分析文章。原本以為，做好記者的本分，實實在在寫報導，還有基於自身的特殊成長背景，把中國的真相介紹給更多人知道，就是我的「天命」。

二〇二〇年春天被派來台灣，雖然還是當記者，卻無意中發現，自己的「天命」好像多了一個——那就是，幫助台灣人更了解日本、日本人更了解台灣。

日台的民間交流看似非常頻繁熱絡，但其實雙方民眾還是有很多互相不了解、好奇，甚至於也有「誤解」的地方。我有幸從小熱愛閱讀文學、歷史，大學時代主修日本古典文學，後來又進修政治、外交哲學等，接著當了二十多年的記者，所以有很多話題可以跟大家分享。

有時候我在臉書上介紹一些日本的話題，尤其是政治、文化、民俗方面的內容，讀者朋友們的反應都非常熱烈。而且，不論是如何小眾的話題，都有熱心的朋友留言給予正面回應，也經常出現專家做出一些非常有趣或深刻的評論，讓我感到很驚喜。我的臉書粉絲頁平台，似乎已經一點一點在起到推動日台文化交流的作用。

・・・

二〇二二年發生了一件讓日台兩國無數民眾感到非常心痛的事情。那就是七月八日安倍晉三前首相遇刺身亡。在過去幾個月，我寫了很多介紹他生平事蹟的文章。每當回顧安倍前首相生前的言行、聽到大家對他懷念的話語，常讓我忍不住熱淚盈眶。我為自己能和他曾經生活在同一個時代、受惠於他的執政，感到幸運。

安倍前首相一生捍衛自由和民主的價值觀，所以一向不遺餘力地支持台灣。他常說：「不能讓台灣感到寂寞、感到孤單。」在他去世一個多月以後，由幾位台灣朋友和我共同發起的「安倍晉三慈善追思音樂會」，得到了很多台灣朋友和在台日本朋友的熱烈支持和響應，在大家齊心協力之下，八月二十日順利地在台北國際會議中心舉辦。包括從日本特地前來參加的盲人歌手大山桂司在內的數百名志願演出者，和現場數千名觀眾，一起用歌聲，懷念這位偉大的政治家。和安倍家私交甚篤、還受邀前往東京參加告別式的賴清德副總統，致詞完以後也留下來全程參加。現場播放的安倍先生彈鋼琴的影像，以及岸信夫先生、高市早苗女士等人錄影傳來的感謝致意，都獲得了很多朋友的迴響。

另外，在安倍前首相生前最後幾個月，由台灣朋友們發起的「台灣安倍晉三之友會」，由我透過安倍先生信賴的友人，得到他本人的同意，本來都已經定好了要在八月份迎接安倍先生親自前來參加成立大會。令人悲痛的消息傳來後，台灣的朋友們為感念安倍前首相對台灣的深厚情誼，決定還是要把安倍之友會辦下去、繼承安倍晉三先生的遺志，為台日交流、友情的深化繼續努力。

十月十一日，「台灣安倍晉三之友會」在台北圓山飯店正式成立，包括日本駐台的泉裕泰大使、台日關係協會蘇嘉全會長、中研院李遠哲前院長、聯電創辦人曹興誠董事長等人都特地前來參加，和二百多位熱心參與的朋友共襄盛舉。

在陳唐山會長的支持和帶領下，安倍之友會把從台灣各界悼念安倍前首相、在日本《產經新聞》上刊登悼念廣告募集到的款項餘款，用於「安倍晉三之友會獎學金」，資助並鼓勵更多日本年輕人來台灣留學，希望培養出更多新一代日本的「知台派」，守護日本和台灣。目前已有二十多位第一屆今年度的獎學生，陸續來到台灣的大學學習。

去年年底，產經新聞社旗下的月刊《正論》在東京鐵塔舉辦了「不屈的政治家——安倍晉三寫真展」，展出了產經新聞歷代十九名攝影記者在安倍前首相身邊，歷經前後將近三十年，拍下的安倍先生的身影，還有安倍昭惠夫人提供的珍貴生活照等，總計近二百張。包括岸田文雄首相、菅義偉前首相等人都前往參觀，寫真展獲得了社會巨大的迴響，很多人看了以後都說非常感動。於是，我向公司建議，把寫真展搬到台灣來。經過數月的奔走、找場地籌備，「安倍晉三紀念影像展」終於在很多朋友的協助之下，定於今年三月二十七日至四月十日，在台北張榮發國際會議中心舉辦。

・・・

回顧過去三年，雖然在疫情之中，但工作和生活還是蠻充實的。認識了很多朋友，也得到了很多人的關照，非常感謝大家，也感謝上天給我機會在這個時候來到台灣。今後希望能盡己所能，做更多有利於台日關係的工作。

記得多年前曾到費城參觀賓州大學，該校的創建者、美國開國元勳班傑明・富蘭克林的雕像旁，寫著他的一句名言：「要嘛寫點值得讀的東西，要嘛做點值得寫的事情。」（Either write something worth reading or do something worth writing.）這是我個人努力的方向，記下來與大家共勉。

矢板明夫

二〇二三年二月二十八日，在台北

輯一

以台灣為參照，更了解日本政局

01／我最喜歡的偶像能夠成為日本參議員嗎？

這次想趁著二〇二二年七月將在日本舉行的參議員選舉，給台灣的讀者朋友簡單介紹一下日本政治。這一次競選最激烈的可能要數東京選舉區，已經有十五個人舉手報名參選，爭奪六個當選名額。

這些候選人之中有很多知名人物，其中包括擁有台灣血統的立憲民主黨的女性議員蓮舫、前男排國手朝日健太郎、還有八〇年代人氣女團「小貓俱樂部」出身的前偶像生稻晃子，以及自幼患有先天性四肢切斷症的評論家乙武洋匡等等，可謂是群星璀璨。

東京是在野黨立憲民主黨比較強的地方。蓮舫已經在東京連續當選三次，這次當選應該也不是問題；自由民主黨的朝日健太郎有很多社會團體支持，又有現職的優勢，當選也沒有懸念；另外擁有宗教團體支持的公明黨的候選人，保留一席也不會有問題。所以，大家相爭的是剩下的三個議席。

乙武洋匡本來是全日本數一數二的勵志型人物，台灣出版過他的自傳《五體不滿足》，聽說也取得不俗的銷售業績。但他在幾年前被媒體曝出與複數名女性劈腿、後來也與太太離婚，形象受到了嚴重打擊，這次被認為要當選比較困難（補充：最後確認落選）。

而我最關心的，則是生稻晃子的選情。今年五十四歲的生稻晃子，在日本泡沫經濟的上世紀八〇年代末，和歌星工藤靜香、國生小百合等一起出道，是當時日本所有青少年男生中最喜歡的偶像之一。我上高中時和同學們也常常聊到，喜歡小貓俱樂部的哪一位偶像。

生稻十幾年前罹患乳癌，連做了五次手術，後來頑強復出，現在已經成為了堅忍勇敢女性的象徵。生稻是安倍晉三前首相夫人的好朋友，這一次就是安倍夫妻三顧茅廬請她出山，為自民黨爭奪第二個席位的。

一開始，生稻並不被看好，但隨著安倍派全力輔選，最近已經殺入當選圈內。安倍本來在和林芳正外相爭奪外交的主導權。安倍是自民黨的親台派，林芳正則被認為是自民黨的親中派。同時，兩人同為山口縣出身，而山口縣這個眾議院議員的選舉區，將在下次選舉時減少一個選區。安倍和林芳正會為爭奪自民黨提名展開大戰。然而，隨著安倍前首相不幸遇刺身亡，提名大戰也隨之消失。

這一次參議院東京選區的結果非常重要。如果生稻落選，安倍的向心力將會減弱；如果生稻能夠在選票上贏過自民黨的另一位候選人朝日健太郎，安倍派即會聲勢大漲。最後結果是，朝日健太郎選票第一，生稻選票第五，都成功獲選為東京選區的參議員。

補充說明一下，前面提過，東京是在野的立憲民主黨的勢力比較強的地方。只要是大城市，一般都是執政黨的勢力比較弱，這是全世界民主國家的共同現象。在城市裡的知識分子比較多，強調多元價值，一般是支持左派或進步派的觀點，因而往往都支持在野黨。

所以，這邊與其說是執政黨和在野黨的不同，不如說是保守黨和進步黨的差異。

進步黨主張多元化，同婚、廢死、反核等一般都在大城市裡比較被討論，這也是為什麼大城市的進步力量比較強。

像生稻這樣的偶像人物出來選舉，不光是日本的現象，也是台灣等民主社會的共同現象，基本上也是選舉政治的一個必經趨勢。然而有高知名度、有很多粉絲，並不能代表懂政治，可以處理好政治上的議題。

生稻喜歡台灣，她選上參議員後也來到台灣，我們還一起吃過早餐。印象中經常見她跟隨在很多前輩政治人物後面。我們一起討論國際局勢時，她基本不發言，很明顯，雖然當上了國會議員，但是像處理台灣問題這種超級敏感的國際事務，她還是需要持續學習。

日本目前的執政黨自民黨最強的地方是在鄉下，而且越到鄉下，勢力越強。比如說安倍出生的山口縣就是鄉下，山口縣的所有國會議員都是自民黨員，而且歷史上，從來沒有任何一個在野黨員在山口縣選上國會議員。

台灣的情況跟日本不太一樣。國民黨執政的時候，國民黨在台北都會區的支持度很高，但在花蓮、台東地區也很高。我想原因是過去國民黨執政，把較多資源投入到花東地區的緣故。民進黨雖然現在是執政黨，但勢力還沒有影響到花東的基層。如果一直執政的話，我想再過個幾十年，也許情況會發生改變。

回到生稻，雖然她保住了自民黨在東京參議院的一個議席，但遺憾的是，安倍的去世，也一定影響到生稻後續的發展吧。

02 在「長州正論懇話會」上滔滔不絕地講了一個多小時

昨天晚上（二〇二二年八月九日）受邀通過視訊，進行了一場演講。聽眾是日本山口縣「長州正論懇話會」的會員們。演講時，我把自己關在松江路的產經新聞台北支局辦公室裡，一個人面對電腦，一邊喝茶，一邊滔滔不絕地講了一個多小時。沒有任何人打擾，好像一直在一個人的世界裡。

但是，今天早上起來，收到好幾個朋友從日本發來短信說：「你的眼鏡有點歪」、「要刮乾淨鬍子」等等。

我才知道，昨天主辦方把我的臉投放到了會場中央的巨大電視牆上，我臉上的每個部位、每一個小動作，都被幾百個觀眾看得一清二楚。再次領教到，生活在高科技時代，不能總是不拘小節。

「正論懇話會」是由《產經新聞》的粉絲組成的、日本全國性的讀者組織，各地都設有支部。這種做法，台灣的媒體似乎並沒有發展出來。「長州正論懇話會」是由山口縣下關地區的《產經新聞》讀者組成的。大家都知道，下關市是安倍晉三前首相的選區，由於安倍後援會和產經新聞有長年良好的互動關係，所以，安倍後援會的幹部基本上都參加了「長州正論懇話會」。

昨天我的演講題目是「繼承安倍前首相的遺志」，主要內容分三個部分：

第一，台灣和日本唇亡齒寒，為了對抗中國的擴張，日本必須和台灣團結在一起。安倍前首相最理解這一點。他為台灣做了很多事情，其實也是為了日本所做的。現在的岸田文雄內閣對台灣的重要性理解得並不充分。

第二，這一次，為了抗議美國的裴洛西議長訪台，中國舉行了大規模的軍事演習。短期看，其目的是大內宣，不會引發戰爭。但是，如果長期觀察，中國對台灣的軍事威脅正在升溫，不能輕視。國際社會必須團結在一起，用積極強硬的態度，時刻警告中國不要輕舉妄動，才能保障台海的安全。日本的責任尤為關鍵。

第三，九月二十七日將在日本舉行的安倍前首相國葬，邀請台灣的來賓出席一事尤為重要。如果能夠邀請蔡英文總統出席，會使台日關係更上一層樓，應該也是安倍前首相的心願。呼籲安倍後援會的有關人士，也能夠積極發聲，不能讓安倍前首相的葬禮，成為台日關係後退的開始。

岸田首相馬上就要實施內閣改組了。我聽說自民黨的高市早苗政調會長、岸信夫防衛大臣等安倍派人馬要被換掉。我個人比較擔心的，是岸田新內閣對台政策因此會受到什麼樣的影響。那就等人事案全部出台以後，再和大家一起分析、討論岸田首相的真實想法是什麼。

03

把責任落在個人頭上的文化

無論叫安倍派，還是叫萩生田派，日本的政黨派系都明顯以「責任人」的名字來稱呼，這不僅僅是日本政黨的特色，更是日本文化的特點。

日本人從來都是按人來命名的，目的是把責任明確歸屬到本人。

比如說我上國中的時候，在二年四班，我們班的班主任姓衣田，我們班級就被稱叫「衣田組」。如果某個同學在學校裡搗亂被抓到，就會說這個搗蛋鬼是衣田組的，而不會說是二年四班的。這就是每件事情的責任都落在個人頭上的日本文化。

再比如說，發給醫生的委任狀或執業證照，也一定簽署上當時的厚生勞動大臣的名字。這位執業醫生的一輩子，就和該位厚生勞動大臣的名字產生關係。如果你是庸醫、或者出現重大醫療事故的時候，媒體都可能還會報導出發給你執照的勞動大臣的名字。雖然這起醫療事故實際上跟他沒關係，但他還是要承擔發執照的責任。

包括我們今天看電影《憂國》，看到日本陸軍當年的二二六造反事件，掛的都不是部隊編號，而是中尉長栗原的名字。

但是在中國政治裡，卻沒有責任人，只有大紅印章。中國人認的是印章而不是人。比如文革時期，革命委員會的印章最管用；疫情時代，蓋著國家衛生健康委員會印章的文件幾乎就是聖旨。中國雖然也有江派、習派這種說法，但是這和責任人無關，更多人會用太子黨、共青團派、之江新軍這樣的名稱。總之，中國不把責任落在人上，而是落在印章上。

台灣的情況，似乎是兩種文化都有。民進黨的政治派系，既有新潮流、正國會，也有英系、蘇系的說法。我感覺台灣是中日混合體。

04 岸田新內閣弱化了安倍派的色彩

日本的岸田文雄首相在二〇二二年八月改組了內閣，很多重要人事做了調整，提拔了一些新人，弱化了一些安倍派的色彩。岸田文雄在這個時候，突然決定調整內閣人事，原因有三個：

第一，是日本國內疫情反撲，內閣支持率下降。他想藉著換一些新面孔，看看能不能提升一點士氣。

第二，是安倍前首相遇刺以後，在野黨和媒體不斷對造成安倍遇刺原因的宗教團體「統一教會」和自民黨的關係窮追猛打。很多重要政治人物都被查出，曾經在選舉期間獲得過統一教會的支持。岸田怕這件事被越炒越大，將來難以收拾，於是想趕緊換掉和統一教會有瓜葛的官員。

第三，是去年自民黨總裁選舉時，岸田獲得了安倍派、麻生派、茂木派的支持，當選後的人事安排，重點照顧了這三個派系。這一次內閣改組，啟用了在總裁選舉後被冷落的河野太郎等實力派，想形成一個全黨團結的印象。

這次人事安排的看點，主要有三個：第一，是安倍前首相的弟弟岸信夫，離開了防衛大臣的位置，換上了不慍不火的濱田靖一。這對台灣來說是一大損失。

岸信夫是日本歷史上對中國最強硬、最挺台的防衛大臣。在任期間，主導發表了兩本防衛白皮書，在台灣問題上有兩次重大突破。據說他被任命為安全保障的首相輔佐官，是一個閒職。希望他養好身體，早日重回重要崗位。

新任的防衛相濱田靖一，七月底（二〇二二年）剛剛訪問過台灣，但是在自民黨的政治光譜中，屬於一個偏向鴿派的角色。而且在黨內，上無大哥、下無小弟，是一隻孤鳥。政策執行能力也不是很強。在岸田看來，會是一個比較聽話不鬧事的好部下。

第二個看點，是高市早苗。她離開了自民黨政調會長的重要位置，被任命為經濟安保大臣，等於是被降了半級。但今後面臨日本經濟和中國脫鉤的問題，經濟安保大臣的位置也是非常重要的。如果她能夠做出成績、證明自己實力的話，幾年後還是有機會再次挑戰首相寶座的。畢竟，高市早苗在內政外交安保等政策上，全面繼承了安倍晉三的政策，日本民間也有很多人期待，她能成為日本第一位女首相。

第三個看點，是新任的政調會長萩生田光一。作為安倍派中生代領袖之一的他，在這個時候能夠出任這個重要位置，說明他得到了岸田首相的全面信任。說不定過不久，安倍派就要改名為萩生田派了。

其實現在的日本，已經有人使用萩生田派這樣的說法了。但是還有一群人不服，也就是說原本的安倍派人馬還沒完全整合到萩生田光一旗下。所以現在，我自己還是會使用安倍派一詞。自民黨的新會長要二〇二三年七月份才開始選，如果他順利當選會長的話，那就可以說是萩生田派了。順便說一句，日本的政治派系太過複雜，變化也非常快，在不同時間、不同背景下都會發生重組。也有的人換過好幾個派系。

萩生田光一曾多次訪問台灣，他和安倍一樣，都是非常挺台灣的。

05 政治人物從「陣笠」熬到「部會長」，像柯文哲這樣突然崛起的幾乎沒有

日本國會議員，參眾兩院加在一起有七百多人。在日本的自民黨中，有一百人左右的派系，在歷史上只出現了兩次。一個是竹下派，曾經出過四個首相。另外一個就是安倍派。

如果派系大的話，就意味著老大要向企業界募款找錢、照顧並培養小弟一步步往上走，責任也更大，所以說只有非常有能力的政治人物才可以養得起。

日本的派系之所以如此複雜，是因為過去採取的中選舉區制度造成的。比如自民黨在同樣一個選區，如果只派一位候選人的話，不一定會選上，因此要派出複數個候選人才有可能成功當選。結果是出現黨內競爭，你的候選人多一票，我的就少一票。

每個候選人都有自己的老大，所以中選區的複數人選就會形成派系。

另外，日本自民黨內部的派系有一個習慣，在每週的固定一天一起吃中飯，因為吃飯時間相同，所以你到我的派系來吃飯，就無法去別的派系。久而久之，大家慢慢熟悉，一起討論、商量，一起提案，就變成該派系的政策。

雖然一九九六年改成小選區制度，但是派系多年的傳統遺留到今天。然而在小選區時代，派系之間的移動開始增加，而且變得日益頻繁了。我想台灣也有類似的情況。

派系的另外一個功能是爭取自己的大臣入閣。比如自民黨七個派系，執政組閣後現在有二十個大臣位置，就是一個派系分三個。安倍派最大、人最多，給你五個大臣的位置。其他派才十幾個人，就給你一個大臣的位置。協商分好之後，大家都有機會。

這某種意義上，是日本政治秩序的表現。一個派系內誰來入閣，也遵循一種秩序。比如說某派系一共有二、三十人，分到兩個大臣的名額。你如果說，「我是新來的，我剛當選」，那對不起，你只能慢慢排隊。如果某人已經當選五次，有十年以上經驗，才有當大臣的資格。可是有這種資格、但沒當過大臣的有五個人，那該派系的責任人就跟首相協調解決這五個人的問題。

一般是當選國會議員五任以後，才能當大臣。當選七次以後，才能當重要的大臣，例如外務大臣、財務大臣。當選十次以後，如果形象好、口才也好，又沒發生什麼大問題，你才有資格競選首相。

要在日本當首相，首先要是國會議員。從國會議員到首相的過程，日本叫做「雑巾がけ」，就是拿著抹布趴在地板上，一條一條的把地板擦乾淨。日語中還有一個詞來形容最底層的議員，叫做「陣笠」，是戰國時代武士的最低級。你從陣笠開始，一點點熬到部會長，先讓你在黨內歷練，然後再到政府部門去歷練，慢慢再提拔你當副大臣、大臣。這既是論資排輩，但也是某種秩序吧。

雖然也有非常個別的明星，會在剛當選議員一兩屆後就去當大臣，但在日本很少出現像柯文哲、韓國瑜、蔡英文這樣突然崛起的情況。這是總統制和議會內閣制的不同。內閣制追求的是平穩政治，個人魅力相對不重要。

另外，我感覺台灣的官僚系統，出自政治任命的特別多，因此換一個人以後，政策、風格就完全不一樣的情況較為多見。比如台北市，市長從柯文哲換成蔣萬安後，用人、做事風格應該就完全不一樣了。但在日本，換一個東京都知事的話，官僚系統基本沒什麼變化。

但是在台灣，「官威」就會相對很大。你要認識某部長，打個電話，問題就很容易解決。這種情況在日本幾乎不會發生，基本上每個人都是公事公辦。

回到政黨派系。台灣的民進黨內部雖然也有派系，跟日本有一點點相似，但是原則上還是不一樣的。在台灣，我的觀察是，要不停地轉換跑道去選舉。基本上我看民進黨的市議員都想轉當立委，立委都想當市長，會殺得血流成河。六都的市長當完以後，都想當院長，當完院長以後，都想當總統。這種情況日本幾乎沒有。

日本的市長是沒有連選限制的，所以市長經常是做十六年。長達二十年或二十四年的也經常有，一直做到退休的也很多。這樣的體制非常適合推行捷運、機場等大型市政建設。

但在台灣當市長的話，每個人都知道至多八年。所以台灣很多城市都沒有捷運，一般公共交通系統也不發達。憑什麼我種樹，別人摘果子？尤其是遇到藍綠政黨的對立，在這樣的心態下，台灣政治人物最愛做的事情是舉辦嘉年華、放煙花、請歌手演唱，長期的市政規畫基本上很少見。

06 安倍事務所的關閉象徵著政治的殘酷

日本前首相安倍晉三辦公室宣布，將在二〇二二年十二月三十一日，關閉位於山口縣下關市和長門市的兩間事務所，幾十名秘書將被資遣。安倍辦公室已經向安倍後援會的會員們發出了信函，感謝大家多年以來對安倍晉三的支持。

事務所被關閉以後，在山口縣各種大大小小選舉中，曾經戰無不勝、擁有龐大勢力的安倍後援會，應該也會在不久之後解散。這個消息，令人唏噓。

自從安倍遇刺身亡幾個月來，自民黨內有很多勢力想推舉安倍昭惠夫人出來參選、繼承丈夫的地盤。這次安倍事務所的關閉，應該是向自民黨表示，昭惠夫人不會出來從政的決心吧！

二〇二三年四月舉辦的安倍席位的補選，將是安倍的選區「山口四區」的最後一次選舉。下屆眾議院改選（二〇二五年），該選區將和「山口三區」合併，地盤將轉移給三區選出來的林芳正外相，安倍事務所就不推接班人出來了。

我也去過幾次下關市內的安倍事務所。從安倍前首相的父親安倍晉太郎時代就在那裡，已經有五十至六十年的歷史了。這次事務所的關閉，有日本媒體形容叫「家斷絕」，是江戶時代諸侯被將軍沒收領地的處分。許多數十年來的支持者和地方相關人士都感到十分惋惜和悲傷。

安倍事務所的關閉，象徵著政治的殘酷。但是，我認為安倍前首相留下的功績、他的政策，會繼續留存在廣大民眾的心中。安倍前首相推動的日台友誼，也會不斷向前推進。

・・・

在寫完本篇後，有很多讀者留言，顯示出對日本選區制度的濃厚興趣和各種見解，所以我再補充介紹一下。

其中有讀者 Walter Kxo 留言說：「荒謬！親台的安倍留下的選區送給親中的林芳正！」也有讀者 Morris Cxan 留言補充了非常多的細節，他說：「林家本籍地是山口縣最大都市的下關市，而安倍家則是出身隔壁的小鄉鎮長門市。下關屬山陽，但長門已是山陰，本來就是林較安倍優勢。安倍一直在山口四區，其實是他窮盡一生之力『卡』了林家父子二代。」、「一九九六年改制小選舉區時，安倍晉三拿走了由下關和長門組成的山口四區。林芳正的父親林義郎因而改選中國比例代表區，而林芳正也只能改從參議院山口縣區出馬，等到山口三區的議員引退才轉選眾議院。這次選區合併本就一直有人在感嘆『一山難容二虎』，安倍之死反而解決了問題，林可說是順理成章拿回了自家的地盤。」

非常感謝這些讀者朋友的留言。確實，林家是山口縣最傳統的政治家族，李鴻章當年簽署《馬關條約》、遇刺的「春帆樓」，就是他們家族的產業。林家代代都是地方名士，出了很多國會議員，特別是林方正的父親林毅郎。他非常有名，曾做過大藏大臣。

林毅郎跟安倍前首相的父親安倍晉太郎，在日本的中選舉區時代（一九九六年之前），就在山口縣選區彼此競爭，這次你贏、下次他贏。一九九六年改成小選舉區後，則是安倍晉三出來跟林毅郎競爭眾議員。林毅郎後來只好轉戰山口縣選區的參議員（不分區、比例代表）。林毅郎的兒子林芳正從美國留學歸來，也只能從參議員的選舉開始。

但是在日本，參議員是沒辦法當首相的。所以在二〇二一年十月舉行的眾議院大選中，辭去參議員的林芳正首度參選眾議員的山口三區，並且高票當選，而該選區就毗鄰安倍參選的山口四區。

安倍家族跟林家族在山口縣的競爭，我自己也親身體驗過。有一次我去山口的安倍後援會演講，計程車司機是林派的，所以一路罵安倍。當時安倍還是日本首相，我心裡想，無論如何安倍也是你們家鄉出的首相呀，但他卻對首相罵各種難聽的話，可見兩派的對立是很深的。

現在，林芳正很有可能去挑戰首相的職位，地方也期待他成為山口縣第九個總理大臣。山口縣一共有四個選區，因為人口減少的關係，山口三區和四區要合併為一個選區了，而安倍去世後，沒有繼承人，估計山口南部今後就是林家一統江山了。

07 在日本政界，兒子給老爸當秘書是慣例

日本的岸田文雄首相，自二〇二一年當上首相那一天起，就經常被日本媒體批評。最近被經常提起的，是他的大兒子、三十二歲的岸田翔太郎當上了首相秘書官的事情（二〇二二年十月），說他任人唯親。

其實，在日本政界，兒子給老爸當秘書是慣例。岸田文雄本人也是在三十歲那一年，從日本長期信用銀行辭職，給自己的父親、當時的國會議員岸田文武當秘書，算是他步入政壇的起手式。

安倍晉三前首相也一樣。大學畢業以後在神戶製鋼工作了幾年以後辭職，給父親、當時的外務大臣安倍晉太郎當秘書。在父親去世後，他接下了父親的選舉區，

三十八歲選上國會議員。

岸田翔太郎畢業於慶應大學，後來在大商社三井物產工作。按理說，他的學經歷也算優秀的。但是，因為他擔任的「首相秘書官」的社會地位要比一般的國會議員秘書要高很多，而引起了議論。又趕上現在是自媒體的時代，消息很透明，每個人都可以公開發表議論。連岸田翔太郎的收入多少、出入有沒有專用車，大家都一清二楚。

很多年輕人看到以後就覺得，我們這麼努力都找不到一個好工作，而他只因為有一個好爸爸，就可以年紀輕輕身居高位，於是心裡產生不平衡。

在日本政界，因為政二代、政三代越來越多，漸漸地出現了階級的固化。比如前首相麻生太郎，他的外祖父是前首相吉田茂、父親家是麻生財閥，所以他生下來就是貴族。

雖然他偶爾會亂說話、引人側目，但從很多細節能看出來，他從小接受的家庭教育很不一般。據熟悉麻生的記者說，天熱時，麻生需要脫下西裝外套，一定要找來衣架，把衣服拉平掛好，絕不會隨便丟在沙發上或掛在椅背上。還有，麻生去洗手間洗完手，不管有多匆忙，也一定會用手帕把噴濺到水槽四周的水滴擦乾淨。

這樣的貴族氣質和習慣，會給人高雅、不怒而威的印象。和外國政要打交道的時候，會表現得非常得體。但是，也有不少人批評麻生不食人間煙火、不接地氣。岸田翔太郎的條件太優越，將來從政，也不無可能成為麻生型的政治人物。

和日本的政治人物比起來，台灣政治人物的型態更加多元。也有官二代、三代，同時還有草根型的、美式的、日式的，另外也有明明想出來選卻不說出口、天天等著別人來三顧茅廬的中國古典型的。太熱鬧了。

08 誰是安倍的接班人？

今天（二〇二二年十二月十二日）我在圓山大飯店參加了一場大型研討會「台日關係永續論壇」。台日雙方有多名重要人物出席，就台日關係、區域局勢、經濟貿易、社會文化等廣泛交換意見。

日本方面有兩位接近日本政權中樞的實力派人物，同時到場致詞，顯示了日本對這次會議的重視。其中一位是日本執政的自由民主黨政調會長萩生田光一，另外一位則是前防衛大臣、眾議員小野寺五典。

首先，萩生田是日本執政黨的第三號人物。自民黨第一號人物是黨總裁，也就是日本首相岸田文雄；第二號人物是幹事長茂木敏充，負責管理黨的人事和資金。萩生田任職的政調會長是負責黨的所有政策的。前幾天，岸田首相突然提出，未來數年將實施分階段增稅，以確保防衛預算的增長，引起了黨內一部分派系的強烈反彈。雖然萩生田為了解決這個問題，這幾天正忙得焦頭爛額，但還是抽時間來了台灣。

上一次日本執政黨現任的政要訪台還是在二〇〇三年，來的也是自民黨政調會長，叫麻生太郎。他拜訪了當時的陳水扁總統；訪台五年後，麻生當上了日本首相。

萩生田屬於自民黨的安倍派，是安倍晉三前首相一手帶起來的弟子之一。安倍前首相去世以後，群龍無首的安倍派到現在還沒有確定誰是接班人。萩生田也是主要的競爭者之一。如果能順利接手自民黨最大的派系，萩生田就有可能變成下一任首相的主要候選人，屆時安倍派就會被叫做萩生田派。

萩生田也是很著名的親台派。他來到台灣、在拜訪了蔡英文總統之後，和台灣安倍之友會的陳唐山會長也見了面。萩生田年輕的時候曾多次訪台，和陳會長有多年的友誼，他表示今後希望借助台灣安倍之友會的平台，拓展台日民間交流。

今天與會的另一位重要人物，是眾議院議員小野寺五典。小野寺屬於自民黨的岸田派，是岸田首相的心腹之一，精通外交防衛政策。目前派系的兩個重要人物岸田首相、林芳正外相都已經入閣，小野寺負責打理派系內事務。如果岸田首相能夠長期執政，派系將持續擴大，小野寺的實力也勢必水漲船高。

同時，小野寺也畢業於松下政經塾，他是第十一期，是我的學長。順便說一句，松下政經塾的畢業生，基本上都是親台派。

09 「安倍派」未來的接班人會是他嗎？

前不久，日本傳出一個令大家覺得比較遺憾的消息，就是安倍晉三前首相的弟弟，前防衛大臣岸信夫因病引退。其所在選區（山口縣二區）將於四月（二〇二三年）進行補選，屆時他的兒子岸信千世將繼承他的地盤，挑戰眾議院議員的席位。

岸信千世才剛三十出頭，曾是富士電視台報道局（新聞部）記者。依日本按資排輩的習慣，他要經過十幾年才能出任大臣，當二十幾年國會議員以後，才有機會挑戰首相。但是，按他的血統、能力，以及周圍的期待，他日後很有可能成為一個有力的政治人物，也可能成為將來「安倍派」的接班人。

日本的自民黨有很多派系，都有淵遠流長的歷史傳承。目前是自民黨內最大派系的安倍派，其實最早就是「岸派」，是安倍的外祖父、前首相岸信介主導的派系。

說到派系，我想介紹一下自民黨幾個主要派系的正式名稱，都很有意思。

安倍派的正式名稱叫做「清和政策研究會」，「清和」出自於《晉書》中「政清人和」的典故。

前首相麻生太郎的「麻生派」，也稱「為公會」，出自《禮記》中的「天下為公」，但最近改名為「志公會」。被稱為最親中的政治人物、前自民黨幹事長二階俊博率領的「二階派」的正式名稱叫做「志帥會」，典故出自《孟子．公孫醜上》中的「夫志，氣之帥也」。

另外，岸田文雄首相所屬的「岸田派」，叫做「宏池會」。「宏池」出自東漢學者馬融的「棲遲乎昭明之觀，休息乎高光之榭，以臨乎宏池」。

安倍的競爭對手石破茂，他的派系叫做「水月會」，是他託一位臨濟宗的住持給取的，出自佛教禪語「宴坐水月道場」。意境是很高，但是在政治的世界裡，「水中月、鏡中花」未免太過虛無飄渺；可能是這個原因，他幾次挑戰自民黨總裁的位子都沒有成功。

在政治上應該要消除派系，這個說法一直以來都有，但是往往不能實現。因為，當幾個人聚在一起，就一定會出現派系。有人說過，哪怕是三兄弟，也會分成兩派。日本的政治是，把派系放在檯面上，大家進行良性競爭，「鬥而不破」。我認為這是一種健全民主社會的表現。

相較之下，像中國那樣的獨裁政權，從來在明面上都否定派系的存在，都要求「思想統一、定於一尊」，但我們看中共的歷史，事實上就是一部血淋淋、「你死我活」的鬥爭史。

台灣的民進黨有我們熟知的新潮流、英系、正國會，這些派系都是明面上的，某種意義上，可能和日本比較相似。而國民黨，好像不太願意承認自己黨內有派系存在，似乎有更多中國政治的特點。

10 一個人的倒閣運動是怎麼回事？

二〇二二年十二月十四日，日本政壇出了一件不大不小的事件。經濟安保大臣高市早苗公開叫板岸田文雄首相，對首相近期發表的、為提高防衛費而增稅的計畫表示不滿。她並表示：「任命閣僚是首相的權限，他如果想撤換我，那就撤吧。」可見岸田內閣中的矛盾已經表面化了。

在日本，發布重要的政策時，必須經過所有的大臣一起署名，即便只有一個人不同意，也叫「內閣不一致」。一旦發生，那麼首相只剩下兩個選擇：一個，是撤換掉這位大臣；另一個，是內閣總辭職。高市這麼做，在某種意義上可以被看做是「一個人的倒閣運動」。

倒閣運動不是日本獨有的，這是議會內閣制的特點。因為內閣制的所有大臣都是首相任命的，所有的重大政策也都要經過全部大臣簽名才能通過。但是如果首相沒有擺平自己任命的閣僚，就變成政權的一個很大的危機。

大臣提出反對意見，說明他的背後有人支持，或者是有民意支撐。所以一旦出現「一個人的倒閣運動」，很快就會有第二個、第三個人倒閣，結果必然是這個內閣無法運作，變成內閣總辭職，最後根據民意重新改選。這是內閣制度的運作方式，英國議會在運作上也是如此。

其實，自民黨內，尤其是安倍派，很多人對首相的這次增稅計畫非常不滿。安倍派是強烈主張增加防衛預算的，但是希望用發行國債、而非增稅來彌補財源的不足。因為增稅很可能影響到經濟基本面，必將招致在野黨和輿論的強烈反對，如果法案被檔下，防衛費增加的計畫也將隨之擱淺。

高市早苗在自民黨內是一隻孤鳥，並不是安倍派的成員。但她在外交國防政策上的主張，基本上和安倍完全一致。

這一次她跳出來反對岸田，可以說是一場豪賭，這種「一個人倒閣運動」，在日本政界叫做鯉魚跳龍門。如果跳到大海裡，就會變成巨龍；如果是跳到沙灘上，就會被太陽曬死。

如果黨內有很多人出來支持高市，岸田內閣就會垮台，她就有可能一口氣問鼎首相寶座。但是，如果沒人支持她，那麼高市的政治生命也差不多該結束了。因為以後很難會有首相，敢冒著「被造反」的危險再重用她。

最後，岸田內閣在十六日舉行內閣會議，選擇了讓步。他取消了增稅案，並且決定日後如果再推行此案的話，一定會先解散國會、詢問民意。如果國民贊同增稅的話，新組建的內閣才會推行增稅。

在日本歷史上，凡是有重大決策的時候，一定要解散國會。歷史上最有名的案例就是小泉純一郎。他想把所有的郵局都民營化，變成民間企業，結果眾議院通過了，但參議院卻不同意。因為參議院不能解散，結果小泉就把眾議院解散了——就是說我們眾議員都支持你，通過了你的政策，結果卻被解散，沒工作了——重新選舉，這就是問民意。結果小泉贏了，日本的郵局就變成民營化了。這是日本歷史上很爆笑的一件事。

說實話，高市早苗的做法有點簡單粗暴，她捨身反對岸田，一翻兩瞪眼。如果安倍在的話，他會事先說服岸田，讓他沒有辦法發表增稅計畫。

日本的政治文化是追求「和」的。以日本最大的派系自民黨為例，該黨有三個職務最為重要，一個是幹事長，一個是政治協調會長，一個是總務會長。重大政策都要到總務會去協調商談，一定是全會一致才能推行。但是不可能全部人都同意，怎麼辦呢？所以總務會長就會「和」事情。他會問那個可能反對的人：「工作真的辛苦了，你要不要明天休息一天？」你不來開會的話就全會一致了。所以總務會長一定是最有影響力的那種人，他沒有什麼敵人，能夠擺平不同的意見。

這是非常日本的做法。一般來說在台灣，就是投票表決。三票贊成，兩票反對，你過了就可以了。但日本不行，一定要總務會議全票通過。

11／在日本，議長幾乎是一個沒有實權的名譽職

這兩年近距離觀察台灣政治，發現了很多和日本類似的地方，同時也發現了很多完全不同的地方。比如說，議會的議長和副議長，選出的方法差不多，都是由議員投票決定的。但是，競爭的激烈程度卻完全不一樣。

比如說，這一次台灣的九合一選舉（二〇二二年十一月二十六日）之後的地方議會，好幾個縣市的議長、副議長的選舉，就發生了激烈的競爭，甚至還有賄選買票的醜聞。這種事情，在日本幾乎聞所未聞。

在日本，議長幾乎是一個沒有實權的名譽職。一般都是找執政黨中既德高望重、又沒有太大野心的人來擔任，而副議長，則從最大在野黨中推薦。而且兩人當選之

後，為了表示中立性，一般會同時離黨。現在日本眾議院議長細田博之、副議長海江田萬里，分別來自自民黨和立憲民主黨，但是他們都沒有參加自己所屬政黨的黨團運作。

參議院的議長和副議長，不但退黨，而且乾脆不投票，以表示中立。當議會需要發表一些全會一致通過的聲明時，由議長出面說服執政黨的議員、由副議長出面說服在野黨的議員。二〇二一年，日本的參議院全票通過了支持台灣參加世界衛生組織的決議，就是這麼運作的。

正如我臉書讀者留言所說，內閣制下的議長，一般來說是中立超然的。英國傳統上也要求議長上任前退出所屬政黨，日後也不再入黨。澳洲、紐西蘭、加拿大等國家，則要求政黨將議長停權，以保中立。日本的議會制度脫胎自英國，議長離黨的傳統也是如此。而台灣的議長，實際上是美國制度下的議會多數政團領袖，不是日本制的中立議會主席。

在日本到了地方議會，議長、副議長能做的事情就更少了。大部分議會都是大家輪流做，所以議長的任期基本上是一年，有的議會甚至只有半年。也就是說，一個議員只要能夠連續當選三、四次，就一定可以當到議長。議長、副議長和一般議員的不同是，薪水稍微高一些，上下班有車接送。退休以後如果能夠拿到國家勳章的話，說不定可以高一個檔次。

我也曾多次採訪日本的地方議會。在預算問題、土地開發問題、環境問題上，經常聽說執政黨和在野黨對立，但從來沒有見過選議長時出現過分歧。

我個人認為，日本地方議會的那種按資排輩、議長輪流做的方式，會使議會喪失緊張感，並不是很好。但是像台灣這樣，真的頭破血流也不是很理想。或許是拿下議長、副議長的位子之後，可以拿到一些特權，如果有買票的行為，那一定是有一些看不到的好處，說不定是犯罪的溫床。

12 日本的黨首辯論火花四射，台灣呢？

賴清德副總統昨天（二〇二二年十二月二十二日）在三重展開了競選之旅，舉辦民進黨主席選舉的首場政見發表會，和黨員對話。九合一敗選後，民進黨內士氣低落，很多人希望新的黨主席可以帶來新的氣象。

民主政治的基礎是政黨政治。我觀察台灣政治，發現台灣和日本有一個很大的不同是，台灣的政黨，黨首之間沒有對話機制，基本上很少聽到黨首們辯論政策。這在我們看來很奇怪。朱立倫是國民黨目前的黨首（主席），到現在為止，朱立倫和蔡英文談過話嗎？朱立倫和民進黨新任主席賴清德也沒有。你們要不是選總統，一輩子不對話都沒關係。所以，很多時候，雙方對立的主軸不是政策，而是人身攻擊，實在令人遺憾。

日本每年在國會上都有一、兩次黨首討論。就是各黨的黨首進行公開辯論，就很多政策各抒己見、火花四射，讓大眾能夠更瞭解各黨的主張、各項政策的利弊。

英國也有這種機制。雖然其議會內閣制和台灣採取的總統制有所不同，但是，據我多年對政治的觀察，黨首就具體政策進行公開辯論，是一件非常重要的事情。

日本的黨首辯論機制，大概是在二〇〇〇年左右定下來的。安倍晉三前首相在八年八個月的任期內，進行了十三次黨首辯論；小泉純一郎前首相在五年多任期內，進行了二十九次黨首辯論。

日本黨首辯論的歷史上，有很多火花四射、非常精采的「名場面」，最著名的可能是二〇〇〇年舉辦的第一次黨首辯論。

當時，在野的民主黨黨首鳩山由紀夫，問對手，也就是時任首相的自民黨總裁小淵惠三的第一句話是：「請問您今天早上吃了什麼？我吃的是披薩，是一個熱騰騰的披薩」。他藉此來諷刺小淵惠三。因為小淵的性格比較謹慎，講話比較無趣，被英美媒體嘲笑說他像「冷披薩」。小淵一本正經地回答說：「我吃的是和食的早餐。」

還有一次著名的辯論是二〇一二年十一月，作為在野黨黨首的安倍，和時任首相野田佳彥的辯論。當時兩人的辯論非常激烈。最後野田當場宣布，如果自民黨能夠答應削減國會議員人數的議案，就同意解散國會、進行改選。安倍答應了。後來選舉結果是，自民黨獲得大勝，從此開啟了安倍的長期執政。

野田和安倍的友誼也傳成了佳話，即便他們的政治理念相當不同。之前我也寫文章介紹過，安倍去世以後，野田在國會代表致追悼詞，內容非常真摯感人。

賴清德黨主席誕生之後，如果能和國民黨的朱立倫主席、民眾黨的柯文哲主席進行辯論的話，比如說，就台灣國防、外交等重要議題各抒己見，進行火花四射的討論，一定可以對台灣民眾理解政治、瞭解政策的利弊得失，以及推動台灣社會的前進產生積極的效果。

有讀者在臉書上留言給我說，覺得我的意見很難奏效，因為台灣不是一個正常化的國家跟民族。但我認為這不是根本的原因。

在日本，領導人有面對媒體和大眾說明的責任，但台灣沒有。所以我們很少看到朱立倫開記者會，蔡英文也不開記者會。發表國慶演說是自說自話，不是對外說明。

在日本當首相，除了辯論，每天都要接受記者的質疑和詢問。要是不見的話，所有媒體全罵你。但是台灣的政治人物卻比較偷懶，故意迴避問題。

另外，這也和台灣的媒體生態不健康、缺乏合理的監督有關。台灣媒體分兩大類：我是親綠媒體，就假裝看不見民進黨的政策失誤；而親藍媒體只會批評蔡英文做的事情全是錯的。這種不健康的媒體文化其實來自綠營媒體。因為國民黨執政的時候，馬英九也全錯。某種意義上，這是媒體放棄了自己監督的責任。

13 國家認同並不清晰的政治人物，出現在國會殿堂是一個隱患

有一位來自中國福州的日籍華人，名叫原田優美，中文名叫劉丹蕻，五月二十八日（二〇二二年）在日本國會參議院會館召開記者會，宣布將代表日本ＮＨＫ黨，參加於七月十日投票的參議院議員選舉。中文媒體稱，如果她當選的話，將成為歷史上首位在日參政的日籍華人女性。

日本的國會中，也有原籍美國、歐洲和韓國的議員。這些人有一個共同點，就是他們非常在乎媒體關於他們國家認同問題的報導，喜歡強調自己是日本人，效忠的對象是日本國。

但是，這位原田女士好像不大一樣。她在日本經營巴士公司，在日本華人圈很活

躍，擁有僑領的身分，和中國大使館互動也很好。兩年前疫情剛爆發時，英國郵輪鑽石公主號，因乘客染疫，停留在日本的橫濱港內；當乘客被允許上岸時，一時找不到願意接送的車輛，原田女士受中國大使館委託，動用了自己公司的十三輛巴士，去接船上三百多名來自中國和香港的遊客去機場，被日本的中文媒體和港媒傳為佳話。

根據香港《大公報》的報導，「二十多年來，她一直心繫祖國」。在報導中她說：「我是中國人，香港人是中國人，是我的同胞，同胞有難，我必會全力協助！」媒體也報導了當時原田女士在公司內部召開動員大會時的講話內容。她說：「我是中國人，現在我的同胞在日本遭遇了危難，請求大家理解我，幫幫我，幫幫他們。」最後，她公司的大巴司機和工作人員，都同意參與該次任務。因為這件事，原田女士在香港獲得了各界的讚揚。這一次她宣布參選之後，香港藝人曾志偉、導演徐小明等，紛紛送來祝福，祝她成功當選。

原田女士所屬的NHK黨，是一個主要訴求取消公營媒體NHK收費的小黨，曾經的黨名是「保護國民防止NHK傷害黨」。創辦人曾在NHK的政見放送上高呼「打倒NHK！」。上一次，該黨在參議院選舉中只當選了一個議席。原田女士最後未能獲得ＮＨＫ提名，但客觀分析，即便提名，這一次她當選的可能性並不大。

在今天的日本，據說有一百萬名以上的華人華裔長期居住。今後，在各級選舉中，像原田女士這樣出來參選的華人，應該會越來越多。在國會中有人代表華人居民的利益，也是無可厚非的。

但是，在日中關係惡化之際，國家認同並不清晰的政治人物，出現在國會殿堂，有沒有可能變成國家安全的隱患？我認為值得好好討論。其實，台灣也有類似的問題。台日雙方或許可以交流一下。

14 「中共在日本的代言人」——談我的老朋友鈴木英司先生

今天早上（二〇二二年十月十八日）偶然在日本的新聞節目中，看到了在中國的監獄裡服刑了六年的老朋友鈴木英司先生，平安回國，並接受日本媒體採訪。我非常感慨。

今年六十五歲的鈴木先生，畢業於日本的法政大學。他受左派思想的影響，從年輕時就熱衷於勞工運動，加入了當時的最大在野黨——日本社會黨——並擔任過黨首土井多賀子的秘書，在日本政界，有一定的影響力。土井是日本憲政史上首位女性政黨黨首，以及首位女性國會議長。

李登輝前總統曾回憶說，土井多賀子訪問台灣時，向他表達反對購買美國F－16

的言論，他回應：「保護國家是總統的責任，妳知道自己的國家必須自己保護的道理嗎？」從此以後，土井多賀子不再訪問台灣。

土井多賀子生前一直努力推動日中友好。她主張「日本應徹底反省軍國主義罪行」，多次訪問中國。鈴木先生也從一九八〇年代起，就積極推動日中友好，曾多次訪問中國。他組建了民間的日中友好團體「日中青年交流協會」，並擔任理事長，經常帶領日本年輕人到中國內地的沙漠附近去植樹，並在日本募款，幫助中國貧困地區的青少年求學。為了推動日中友好，做過很多事情。

我和鈴木先生是在九〇年代末，在北京認識的。因為我們兩人對日中關係的看法很不一樣，所以經常辯論。我在報章雜誌上寫文章批評中國共產黨，他有時會提出不同意見。他的主張基本上和中共官媒差不多，我笑他是中共在日本的代言人，他也不介意。

他是二〇一六年七月被捕的。從北京機場坐計程車到賓館，一下車，就被五個自稱是「北京市安全局」的彪形大漢撲倒在地，從此失去了自由。罪名是「日本間諜」。當時在北京的所有日本記者都異口同聲說「絕對不可能」，因為，大家都知道鈴木是一個堅定的左派在野黨人士，幾乎天天都在讚揚中國、批評日本。怎麼會是日本間諜呢？

另外，也很難想像，日本政府會雇用他這樣一個日中友好人士去刺探消息。後來聽說，他可能是和一些共青團派的幹部走得太近，捲入了中共內部高層的權力鬥爭。他們抓鈴木先生，是為了從他口中套出對某些共青團幹部不利的證詞。

鈴木先生被捕之後，我曾在日本的很多媒體發表文章，批評中國司法的不透明，希望能夠對他有所幫助。他後來被判了六年徒刑，在中國服刑到期滿才被釋放回國。

在接受日本電視採訪時，鈴木先生再次否定了自己是日本間諜的說法，並控訴說，被捕以後受到了各種折磨，「半年間只見到過一次太陽」，說著悲從中來、老淚縱橫。我看著也覺得非常難受。

雖然有讀者認為，「老實說（鈴木先生）不值得同情，只想送他一句台灣人常說的：歡喜作、甘願受」，我還是希望鈴木先生在日本好好休息一段時間，等體力恢復以後，把自己在監獄中的經歷寫出來，讓大家更加看清楚中國的現實。

15 很多日本知名的左派人士，都是北京當局的座上賓

九月一日（二〇二二年），聯電的前董事長曹興誠先生在記者會上，怒斥某媒體一事，引起了台灣很大的迴響，也引發了很多人對言論自由的思考。

如果在和平的環境中，每個人都能夠暢所欲言，當然是一種非常理想的狀態。但是，假設在某個國家，如果和敵對國已經進入了戰爭狀態，或者準戰爭狀態，那麼，站在敵對國的立場上發表意見、企圖影響國內輿論的行為，是否還屬於言論自由的範圍之內？這是一個大家需要共同思考的問題。

在民主國家和非民主國家發生嚴重衝突時，非民主國家往往會利用民主國家的言論自由，去滲透、去帶風向，來擾亂對方的心防。這一點，大家一定要特別小心。

比如說在日本。今天早上有朋友發來了一張日本左派的海報，號召大家九月二十三日在東京的芝公園集合，共同反對岸田內閣修改憲法，還號召九月二十七日一起包圍日本武道館，阻止安倍前首相的國葬。

召集人中有好幾個知名的左派人士，有律師、作家，還有議員。他們當然有言論自由和集會自由，但是，海報上出現的「絕不允許美國政府和日本政府對中國發動侵略戰爭」的文字，讓我吃了一驚。其實不僅僅是我，我的臉書讀者也覺得匪夷所思，懷疑說出這句話的人不食人間煙火，是不是住在象牙塔裡。

今天的日本，是一個連五枚中國飛彈落入自國的專屬經濟區，也只能打電話抗議的「草食系」國家。哪裡能有什麼對中國發動侵略戰爭的企圖？套用曹董的一句話，海報上的文字是「集顛倒黑白罪惡之大成」。但是，只要有人說，就有人信。有人動員，就有人參加。我想，二十三日和二十七日，去聚集的人也不會少。

正如大家所料，這些人是站在中國的立場上發表意見的。在他們的論述裡，日本政府還是八十年前那個經常發動侵略戰爭的軍國主義政府，而中國還是任列強瓜分的無辜受害者。這或許是他們長年訴求的理念，但絕不能排除他們今天這麼做，有拿到好處的可能性。據我所知，很多日本知名的左派人士，都是北京當局的座上賓。

在日本，這些左派可以隨意為中國說好話、說謊話。但是在中國國內，是不允許有任何的親日言論出現在媒體或網路上的。甚至不用說話，只要穿著和服走在街上，也可能被逮捕。

這種巨大的資訊不對稱，致使日本在對中外交上，受到輿論掣肘，經常落入下風。其實台灣也是一樣。那些每天都在誇對岸好、痛批在民進黨政權下沒有自由的，自稱是「中華民國粉」的人，是絕不敢拿著中華民國國旗去對岸的。

16／日本的在野黨為什麼會這麼積極地「配合」習近平呢？

最近（二〇二二年十二月七日）在日本，台灣問題受到了一些關注。最大在野黨立憲民主黨的兩位國會議員，先後在國會質詢時，要求首相岸田文雄「明確表示不支持台灣獨立」。他們的這種說法，就好像是有意在配合中國政府一樣，因此在日本引起了一番議論。

先是立憲民主黨的二把手，幹事長岡田克也於十月十七日在眾議院預算委員會上質詢岸田時，先提出了「台灣獨立」可能誘發台海戰爭的想法。然後說：「美國的國務卿最近表態說不支持台獨，希望首相您也能親口說出同樣的話。」

在大約一個多月之後的十一月二十九日，另一位立憲民主黨的國會議員末松義規，也在眾議院預算委員會上質詢岸田時表示：「一定要封住台獨的舉動。希望首相親口說出不支持台獨。」

對於這兩人的質詢，岸田的回答四平八穩。他一共強調了三點。第一，日本的對台灣政策，自一九七二年以後從來沒有改變過。第二，日本和台灣擁有共同的基本價值觀，台灣是日本重要的朋友。第三，台灣海峽的和平至關重要，日本希望能夠用和平的方式解決台灣問題。

岸田還說：「維護台海和平，也是和日本擁有相同價值觀的美國的想法，日本將與美國積極合作，把這個想法讓中國清楚地知道。」值得欣慰的是，對台灣問題的看法，岸田首相和今年七月去世的安倍晉三前首相基本相同。我認為，只要是自民黨執政，日本的對台灣政策不會發生很大的改變。

問題是，日本的在野黨為什麼會這麼積極地「配合」習近平呢？提問的兩人都不是等閒之輩。岡田克也是日本最大的連鎖超市永旺（AEON）集團的二公子，曾經做過外務大臣。永旺也是大型跨國零售集團，在香港、中國經營百貨公司和超市，其香港公司並在港交所上市。末松義規是日本初代首相伊藤博文的遠房親戚，本人也做過多年外交官。

他們的這種問法，有干涉台灣內政、傷害台灣人民感情的嫌疑，很多人聽起來都會覺得不舒服。在今天日本社會普遍親台厭中的背景下，他們這麼做，是不會為他們自己的選舉加分的。而且，他們應該也很清楚，這幾個問題，是不可能從首相口中得到他們想要的回覆的。

或許他們只是想通過在國會上提問的方式，向中國表個態。這讓我聯想到前不久，澳大利亞的首相突然沒頭沒腦地冒出了一句「反對台灣參加CPTPP（跨太平洋夥伴全面進步協定）」，也是同出一轍。近來，中國似乎加強了對外國的各種滲透，不管是台灣、加拿大、澳大利亞，還是日本，都可能出現形形色色的中國代言人。

國際形勢十分複雜，在這種情況下，台灣自身需要團結，也更需要團結外國的友台力量。

輯二　日本社會的這些現象，僅供台灣參考

17

日本沒有兵役制度，完全是志願兵

關於蔡英文總統將召開國安高層會議，有可能決定將兵役由四個月延長至一年的這個問題，最近一段時間在媒體上吵得沸沸揚揚，有各種不同的意見。根據台灣民意基金會最近公布的民調結果，有七成以上的受訪者認為，延長兵役至一年是合理的。

但是，我周圍的一些年輕人和其父母，對延長兵役持保留態度的人還是不少。很多人認為，現代的戰爭，需要能操作高科技武器、運用各種專業知識，不是短短一年就可以訓練出來的，不如提高軍人的待遇，多吸引一些肯長期服役的志願兵。

關於這個問題，我想介紹一下日本的經驗。

日本沒有兵役制度，自衛隊完全是志願兵，薪水相對比較高。比如說，高中畢業到民間企業去工作，平均年收入大概是兩百四十萬日圓。但是如果去自衛隊，基本年收可以達到三百二十萬日圓，有百分之三十以上的差距。然而，自衛隊永遠都面臨著人員不足的困境。

日本自衛隊的編制人數按規定是二十四萬七千人，但實際人數只達到九成左右，特別是下級士兵的人數嚴重不足。最近，日本政府為了應付來自中國的威脅，編列了很多國防預算研發和購買武器。但是，有日本媒體指出，即使有了武器，也可能找不到使用武器的人。

這讓我想起一段往事。大約在三十多年前，當時我還在上高中，有一次，和幾個同學穿著學校的制服在千葉車站附近的公園裡面聊天。其中兩個同學邊聊邊開始抽菸，就在這時候，不遠處走來一個精壯的中年男人，上來就大聲訓斥我們：「把菸掐滅！高中生在光天化日下吸菸成何體統！」同學們趕緊掐滅了香菸道歉。

沒想到，這個男人緊接著開始發名片。原來，他是自衛隊地方協力本部的職員，負責招募自衛隊員，故意用這種方式和高中生搭訕。他滔滔不絕地給我們講了很多參加自衛隊的好處，說「薪水高、假日多、可以免費學開車、可能保送上軍校、退役以後國家負責找工作」等等。可惜我們當中沒有人感興趣。當時我就覺得，在日本招募自衛隊員真是不容易啊！

台灣如果僅靠提高薪水來擴大招募，很可能會面臨和日本同樣的情況。台灣現在的四個月兵役制度，已經不適用於今天的台海局勢，改革迫在眉睫、勢在必行。

但是，延長兵役，是一項增加國民負擔的重大改革。如果政府決定這麼做，一定要針對社會的質疑，做出一套完整的論述。尤其在如何有效強化訓練內容、如何有效達成防衛目標上，我期待作為三軍統帥的蔡英文總統，能站到前台，回答國內外媒體的各種提問，那將有利於政策獲得國民的理解和支持。

果然，今天（二〇二二年十二月二十七日），蔡英文總統在召開的記者會上，宣布義務役從四個月恢復到一年。這是一個非常重要的政策改變。

最近幾年，中國的威脅越發突出，美國、日本甚至歐洲都開始關心台灣海峽的和平，並把中國當作假想敵，全力增強軍備。站在風口浪尖的台灣，義務役僅僅四個月的軍事訓練，不足以面對來自對岸的威脅。延長兵役，對台灣來說，是一勢在必行的決策。

但是，對剛剛輸掉九合一選舉的民進黨來說，不得不在這個時候宣布增加人民的負擔，可以想見，是一個非常痛苦的選擇。如蔡總統所說：「這是一個無比困難的決定。」

不過蔡總統的團隊沒有拖延，趕在年底前宣布，因為國防問題太重要了、不能耽誤的。我認為，這是一個非常負責任的表現。

回想起來，蔡政權這幾年做了很多重要的事情，包括年金改革、進口美豬、進口日本地震災區食品，還有這次的兵役改革。說句老實話，這些政策都是非常容易得罪人的。有很多是台灣歷屆政府拖了很多年，都不敢下結論的歷史遺留問題。

蔡英文政權頂著極大的壓力，默默地把這些事都完成了，讓台灣向前邁進了一大步。值得鼓掌。

同時，我也想為國民黨鼓掌。在蔡總統的記者會後，國民黨文傳會發了一篇「支持兵役改革、要求服役內容品質更新」的新聞稿。新聞稿中強調，「確保台灣的安全非常重要。台灣的兵役制度因應外在情勢變化，的確到了該檢討的地步」。

國民黨雖然對這次兵役改革提了很多意見，但沒有反對延長兵役這件事，也沒再說什麼「民進黨讓青年上戰場」之類的酸言酸語。總算展現了一個負責任的在野黨應有的態度。

昨天中國派了七十一架軍機來騷擾台灣。其目的有兩個：一個，是抗議美國的拜登總統簽署「國防授權法」；另一個，就是在今天的國安高層會議前，向台灣施壓、讓台灣社會分裂。

如果今天台灣的在野黨跳出來反對延長兵役、大罵「蔡政府不應該刺激中國」的話，中國一定會非常高興。中國想看到的是，在國防問題上，台灣社會發生嚴重的對立。那麼，中國將有機可乘。

台灣的兩大政黨，如果在國防外交等重大問題上都能夠站在「堅決保衛台灣」的立場上，認識到「和平不會從天而降，和平靠國防，唯有能戰才能止戰」，然後在經濟、民生等問題上互相切磋的話，相信台灣社會一定會越來越好。

18 日本自衛隊為什麼不讓人吃飽？

二〇二二年四月二十六日，日本自衛隊入間基地發生了一件事，引起了廣泛的討論。一位五十多歲的空軍上尉，在食堂吃早餐時，給自己的碗裡裝了半碗米飯後，又拿了兩個小麵包。但是，按照規定，早餐只能選用米飯，或者麵包，兩樣都拿屬於違規。

這位上尉的行為被食堂工作人員發現後，他立刻歸還了麵包，並沒有吃，但仍然受到了停職三天的處罰。

上尉事後解釋，「因為米飯只裝了小半碗，所以以為拿麵包沒有問題。對規則認識不足，表示抱歉」。這件事在網上引起了很多的議論。

有人說，「自衛隊員保家衛國，那麼辛苦，應該讓他們吃飽」，還有人說「既然麵包已經還回去了，口頭警告一下就可以，停職三天的處罰太重了」。但是，也有人提出，「沒有規矩不成方圓。如果自衛隊的軍官可以不遵守規矩的話，日本就危險了」。

二十年多前，我在日本埼玉縣當地方記者的時候，入間基地是我負責的管區，我曾多次到該基地採訪。當時，這裡給我的印象就是基地裡規矩很多，每個人說話都很謹慎。我也在他們的食堂吃過飯，說句老實話，並不好吃。所以，我對這位上尉深表同情。

不僅是入間基地，日本自衛隊這幾年發生過好幾起因「多吃」引起的違紀問題。今年三月，有一位防衛廳的文官官員，因多次以「品嘗味道」為理由，試吃只提供給海上自衛隊官兵的咖哩飯，被停職四天。去年十一月，有一位航空自衛隊的少校，在食堂因多吃了不屬於自己的納豆和麵包，被停職十天。

有很多人質疑，日本自衛隊是不是還延續著官兵普遍營養不足時代，即二戰期間的軍隊管理方式，而敦促應該與時俱進。

但防衛省官員對記者的回答是：自衛隊的飲食費用來自國民的稅金，必須要公平。另外，每一餐的熱量和營養都經過了嚴謹的計算，嚴格遵守定量，有助於維持官兵的健康。

我過去在北京當記者的時候，也曾採訪過解放軍的食堂，印象中大家好像是可以自由添飯的。不知道台灣國軍的飲食，有沒有像日本控制得這麼嚴？

19 日本人改名字竟然要法院判決

聽說二〇二二年嘉義市的新科女議員，名字叫「顏色不分藍綠支持性專區顏色田慎節」，由於姓名很長，經常被簡稱為田慎節或田議員，但她表示自己真的姓顏。

年輕貌美的議員候選人，為了當選而引起話題，把名字改得特別長，這種情況雖然合法，但是把名字弄成如此奇特的話，很明顯就是為了吸引眼球。這樣的事情根本不可能在日本發生。

日本人很難改名字，因為政府會干預。改名字不僅需要充分的理由，也需要經過法院判定。比如說你的名字不好聽——你是男性，但名字起得太女性化，容易被人誤解或認錯。或者說你跟你的堂弟撞名。然後，你要向法官舉出例證。

我過去認識一個朋友，他本來是中國人，歸化為日本籍後，要改一個特別像日本人的名字。但是他把原本的「王永平」三個字全都改掉，改成叫「關發起」這個非常日本的名字，但法院卻判定他輸了。理由是「關發起」這個名字完全聯想不到原本的他。法院認為，如你改為關永平，或者叫佐藤永平，都可以，但關發起則不行。

日本之所以對改名設下重重關卡，主要是因為怕犯罪。剛才講到選舉，台灣的候選人為了選舉吸引眼球而輕易改名，這在日本幾乎是天方夜譚。台灣曾經出現為了吃鮭魚而引起的一陣改名風潮，被媒體稱為「鮭魚之亂」，日本人也覺得是非常不可思議的事情。

日本的政治人物和一般人，改名字的情況都很少見，基本上就是一輩子只有一個通用名字。但日本有一種情況下則需要改姓，就是女性在婚後改冠夫姓。

比方說，我本來姓佐藤，嫁給的先生姓高橋，就要改姓高橋。這是日本法律規定的，必須改名。但可能會出現一種情況，就是改姓之後，名字唸起來很難聽、變成意思不好的詞，或者跟某個名人完全同名同姓。這種情況則可以改名，但因為改名很麻煩，一般情況下日本人較少輕易改名。當然在現代社會，改姓之後，銀行卡、駕照等所有證件全都要改，這確實是個麻煩。

在性別平等的觀念衝擊下，日本也出現了「夫婦別姓」運動，要求婚後的女性不必改冠夫姓。但二〇一五年底，最高裁判所判決夫婦同姓原則符合日本憲法；判決書指出，夫婦同姓原則不存在形式上的性別不平等，有其合理性並已紮根於日本社會，因此合憲。

我認識很多台灣人，都認為在日本如果你支持夫妻同姓，就是一個頑冥不化的老頑固，是一個不尊重女性的人。但是日本多年來民調顯示，支持夫妻同姓的絕對是大多數。在日本，看到家戶門口掛著一個名牌，這是佐藤家，這是高橋家，大家會認為這是一體同心的一家人，我們住在一個屋簷下，所有人都同一個姓。生，住在一起；死，進同一個墳墓。

這就是文化，沒有哪個文化正確或不正確，好或不好。只要大家自己過得舒服，覺得符合自己的價值觀就好。

20 日本女性曾在運動場上留下「東洋魔女」的稱號

今天下午（二〇二二年八月十五日）在立法院採訪了一個頗有趣的會議，叫做「女子運動外交促進會」，今天是第一次大會。會長是林靜儀委員，副會長有羅美玲委員、劉世芳委員、林楚茵委員等幾名女性立委。何志偉委員作為「男性保障名額」也名列副會長。

這個會議最主要的目的，是透過發展女子運動，讓世界看到台灣，開拓台灣的外交空間。個人認為，這個想法非常好。要知道，在全世界看來，台灣女性的活躍空間還是相當大的，著力在運動這個方面發展，一定會大有作為。

台灣立法院中有四十八位女性委員，女性立委的比例是百分之四十二點五，名列亞洲第一。和美國的百分之二十七、韓國的百分之十八點六、日本的百分之十四點三比起來，台灣的男女平權可以說做得相當不錯，更何況台灣的總統也是女性。在陳水扁時代規定，政黨必須要提名一定比例的女性。但日本並沒有這個規定，所以說女性都不願意從政。

相比之下，台灣社會男女的平權做得比日本好太多。日本的整個社會文化，對女性確實有一定的壓抑，但是在日本文化裡，女性願意在家裡當家庭主婦的比例也特別高。相夫教子是她的社會責任，說她應該外出工作，對她而言是件很痛苦的事情。而女性從小接受的就是這樣的觀念，媽媽是這樣，祖母、外祖母也是這樣，這是日本文化的結構。

中國雖然也有規定女性參政的比例，但中國共產黨的政治局常委，到目前為止一共有不到八十多個人，其中卻沒有一個女性。中國共產黨的權力核心從來沒有女性。中共的政治局裡，多年以來都點綴性地放一個女性，例如孫春蘭、劉彥東、吳怡。但這次二十大，習近平就把女性政治局委員取消了。習近平不再掩飾了，二十四個政治局委員，一個女性都沒有。

但是，和台灣的女性立法委員相比，台灣的體育界還是比較保守的。各項運動協會的會長，大多由男性擔任。而且聽說，決定人事的時候，往往暗箱操作，變成一部分人的特權。推動女子運動的發展，不僅要增加預算，可能同時還要從體育界的人事改革著手。

現在，中國千方百計地打壓台灣，其方法就是挖角台灣的邦交國，阻止台灣加入國際組織，讓世界看不到台灣。而台灣最需要的，則是在國際上多曝光、擴大台灣的國際影響。

台灣的女性運動選手是有這個潛力的。迄今為止，在投入社會資源並不是很多的情況下，就培養出了世界羽球的球后戴資穎、舉重女神郭婞淳等知名選手。不只是台灣，在國際重大賽事上，亞洲女性的活躍程度，事實上都遠遠超過亞洲男性。

以前曾聽專家分析過，亞洲男性和歐美男性，因身體構造差異較大，所以在速度、力量、爆發力等的發揮上，都有一定的差距。但亞洲的女性和歐美的女性比起來，身體構造的差異比較小，運動能力的差距就沒有男性那麼大。

其實早在一九六〇年代，日本經濟剛剛崛起的時候，日本女性也曾在運動場上顯露頭角。日本女排在一九六四年東京奧運會上力克蘇聯女排，奪得了冠軍，留下了「東洋魔女」的稱號；至於中國，在一九八〇年代改革開放之初，其女排也曾在各種國際重要賽事上奪得「五連冠」，大大提高了當時中國在國際社會上的存在感。

台灣的女性運動如果能發展起來，培養出一些國際知名的體育明星，她們就會有機會在世界舞台上為台灣說話、讓台灣被看見，對台灣的外交一定大有幫助。

21／岸田首相雖然不能說是學渣，也絕不是會讀書的菁英

這幾天台灣媒體一直在追蹤民進黨桃園市長候選人林智堅，論文涉嫌抄襲的問題。我個人對這件事沒有太多關注，因為我覺得這種事情，需要由有學術背景的專家來判斷。而且，今天的台灣面臨著太多的內憂外患，做為一個外國媒體人，我更關心台灣國際空間的拓展，以及防衛力量的強化。

今天（二〇二二年八月十二日）媒體上報出林智堅退選的消息，我個人認為，這是個非常正確的選擇。無論對台灣、還是對他本人，都是好事。論文門已經上演了一個多月，社會的焦點一直聚焦在此，浪費了太多的資源，也模糊了很多需要大家關心的事情。

林智堅如果在質疑聲中繼續競選下去，即使當選，社會觀感也一定不會很好。林市長還年輕，如果想繼續深造，花幾年時間出國，好好讀一個學位，應該也是不錯的選擇。相信他在新竹市長任內積累的經驗，將來一定會有回饋台灣的時候。

這件事表面上看，有藍綠惡鬥的影子，但在其深層，或許和台灣社會一直有「過度重視學歷」的文化有關。

我從二十多年前就經常來台灣觀察選舉，看到城市中各個角落插的候選人旗子，上面都寫著某某大學博士或碩士，特別吃驚，感覺好像是在競選大學教授或院士。我還專門在日本媒體上寫過一篇文章，稱之為「奇怪的選舉文化」。其實，能不能當好一個市長，和學歷一點關係都沒有。一個政治人物需要的，是清晰的理念、政策執行能力、溝通能力，這些都是書本上學不到的。

比如說，在日本戰後史上赫赫有名的田中角榮前首相，只上到了小學六年級。但他擔任國會議員期間，向國會提出了三十三部法律的草案，至今還是空前絕後的紀錄。田中擔任首相期間，提出了「日本列島改造計畫」，對今天的日本仍然有影響。

安倍晉三前首相畢業的成蹊大學，在日本也算不上名校；現任首相岸田文雄，曾在十八歲、十九歲、二十歲，連續報考了三年東京大學，都沒有考上，最後上了第二志願的早稻田大學。岸田首相雖然不能說是學渣，也絕不是會讀書的菁英。但他回顧自己的人生時曾經說過：「大學入學考時的挫折，對後來的人生幫助極大。」

這一次剛剛改組的岸田內閣，二十個人中好像只有兩個碩士，剩下的幾乎清一色都只有大學學歷，農林水產大臣野村哲郎，則只有高中畢業。有一年，我所在的千葉縣選自民黨參議院議員，推薦出來的兩個候選人也全是高中畢業。我們幾個媒體記者評論說：「自民黨也太看不起我們千葉縣民了吧。」結果，兩個候選人全選上了。在台灣，如果找高中畢業的候選人幾乎是不可能的。就算有的話，估計他後來都已經補上一個碩士學歷。要不然，就好像出門沒穿褲子一樣。

據我瞭解，好像在歐美等其他民主國家，選民對政治人物的學歷要求也並不高。今後不知道台灣社會的「學歷神話」會不會出現改變？畢竟國會議員代表的是全民，而不是學者。

22

在日本出席黑道老大的葬禮，這人的政治生命絕對立刻結束

九合一選舉之後，台灣民間出現了批評民進黨「黑道治國」的聲音。民進黨立法院黨團今天（二〇二二年十二月五日）召開記者會，積極回應民意、推動公職排黑修法，並表示將提案修正選罷法，增訂曾犯組織犯罪防制條例等五種情事者，不得登記成為候選人，也要求進行全國大掃黑、肅槍及緝毒。

這是一個推動社會進步的好提案，希望在野黨也能夠支持，共同改善台灣的政治環境。

我長期觀察台灣，一直覺得台灣在處理黑道和政治的問題上表現得太寬鬆，簡直讓人難以置信。我曾經不止一次在媒體上，看到藍綠兩黨的知名政治人物，出席黑道

老大的葬禮。這種事如果發生在日本，這些人的政治生命絕對會立刻被宣告結束。

日本政府把透過暴力、恐嚇、詐騙等手法追求經濟利益的團體，也就是台灣說的黑道，定義為「反社會組織」。多年以來，日本通過層層立法，切斷黑道和一般社會的聯繫管道，致力於在經濟上孤立黑道。這些年，已經取得了非常顯著的成果。

首先，日本各地的公安委員會擁有界定哪些團體或企業是「反社會團體」的權力。「公安委員會」是由律師、醫師等地方名士組成，通過知事（都道府縣首長）提名、議會承認，進而監督員警維護治安的組織。它是日本政府為了維護員警的中立性、公正性而設置的合議制機關，但沒有直接命令員警的權限。

而日本的主要企業，為了維護自身社會形象，都簽署了「暴力團追放（排除）誓約書」。所以，反社會性質一旦被認定，該團體即無法在銀行開設帳戶，其成員在購買汽車或房子時也無法貸款，同時，也不能和大企業進行生意往來。

政治人物、運動選手、影星、歌星等公眾人物，一旦被發現和黑道人物一起吃飯喝酒、打高爾夫球，就不被允許繼續出現在媒體上，只能提前退休。曾經在日本紅遍半邊天、被稱為綜藝一哥的著名諧星島田紳助，就是因為被媒體爆出曾和某反社會團體的老大是多年的朋友關係，不得不退出演藝圈。日本社會對黑道的負面觀感比台灣強烈很多。

日本從戰後到上世紀九〇年代之前，曾經有相當長一段時間是黑道的「黃金時代」。黑道槍戰電影曾經在日本電影史上占有重要位置。

日本最著名的黑道組織，除了台灣朋友比較熟悉的山口組，還有稻川會。山口組在西日本，稻川會在東日本，是日本兩個最大的暴力團體。山口組下面大概有一萬多個小組，最早的老大姓山口，所以叫山口組，這就是日本的責任文化制度在黑道組織上的表現。黑道的總裁辦公室裡掛出的牌匾，都寫著「任俠」二字，出處是司馬遷的《史記》。

現代日本的黑道是從哪裡來的呢？基本上都誕生於戰後反三國人。戰後，原本的日本殖民地突然變成三個國家：一個是中華民國、一個是大韓民國、一個是朝鮮民主主義人民共和國。突然間，生活在日本國內的這三個前殖民地的居民變成了戰勝國的國民。

他們違法、開賭場、開妓院、販毒、壟斷所有的物資，立即賺了很多錢，還欺男霸女。但日本的法律管不著他們。也就是戰敗國的警察無法管戰勝國的國民。所以山口組是為了保護這些弱勢的日本人，作為自衛組織而出現的。也就是說，日本的黑道，其實在法治不健全的時代發揮了一段維持秩序的作用，跟日本社會共存。

過去的日本，黑道跟地方社會的關係非常密切。阪神大地震的時候，山口組還會出來施粥、發便當，做過不少對社會有貢獻的事情，也有一些台灣人所說的人情味。

但是，他們慢慢變得膨脹，開始變相收保護費。比如賣招財貓，三千塊錢的一隻招財貓賣給你一百萬。但只要招財貓擺在店裡，這一年之內他們就會負責這裡的治安。就這樣，黑道慢慢變成反社會組織。

但是，自從日本政府在九〇年以後多次修改「暴力團對策法」，黑道在日本的生存空間就越來越小了。據日本員警廳統計，二〇二一年日本全國有登記的黑道成員為兩萬四千一百人。大約是三十年前的四分之一左右，並且連續十七年逐年減少。此外，日本黑道成員的老齡化也相當嚴重。估計在不久的將來，人數會變得更少。

希望台灣的這一次修法能夠成功。

23 政治人物和統一教會來往並沒什麼問題

日本的岸田文雄首相的支持率，最近急遽下降。根據《每日新聞》今天（二〇二二年八月二十二日）發布的民調，已經跌到了百分之三十六，比一個月前，下降了十六個百分點。下降的主要原因還是，內閣中有很多官員和宗教團體「統一教會」有來往。

我個人對這件事非常不以為然，今天來發點牢騷。

我認為，現在很多日本媒體做的事情，就是一場「獵巫行動」。通過各種手段，挖出自民黨的政要和統一教會的關係，一個接一個地爆料。因為這些內容能吸引眼球、獲得較高的收視率，所以各大電視台繼續對這件事窮追猛打。

當下的日本，正面臨中國的威脅、疫情的蔓延、經濟的困境……在內政外交環境瞬息萬變，這麼重要的時刻，竟然被這些瑣事拖累了手腳，讓人十分擔心。

首先，如果政黨與統一教會來往是一件涉嫌違法的事情，那我也贊成追究下去。但政治人物接受宗教團體的支持，並沒有觸犯任何日本的國內法。

在日本，宗教團體介入政治並不是一件新鮮事。和自民黨長期組成聯合政權的公明黨，就是一個主要靠宗教團體「創價學會」成員支持的政黨。還有一個宗教團體「幸福的科學」，也組織了一個政黨叫「幸福實現黨」，雖然在國會沒有席次，但是在地方議會也有一定的影響力。

另外，日本還有「世界救世教」、「立正佼成會」、「生長之家」等宗教團體，都和政治有很深的淵源。而統一教會，只是眾多宗教團體之一。

大約在二十年前，由其教主指定配偶舉行集體婚禮的做法引發了一些爭議，後來也曾爆出過以高價販賣宗教用品的事件。這次又被牽涉到安倍首相遇刺事件，引起了民眾強烈的反感。

據報導，刺殺安倍的山上徹也稱統一教會毀了他的生活，導致他的家庭崩潰、破產。他將自己人生的失敗歸咎於母親與教會的關係。尤其他的母親加入統一教會超過二十年，並曾不顧家人的反對捐出巨額捐款。

如果目前被媒體針對的這些政治人物參與了詐騙行為，當然應該追究。但現在的情況是，多年前曾經在統一教會辦的雜誌投過稿、向統一教會有關團體的集會發過賀電、和統一教會的幹部吃過飯等事情，都被描繪成嚴重的問題。這就有些小題大作了。

最近，美國的川普前總統也因為一些稀裡糊塗的罪名被搜查；英國的強生首相被迫辭職，原因也都讓人覺得不可思議。如今，岸田內閣又因為這種事情被打得滿頭是包，不禁想問一句：這個世界到底怎麼了？

以上是一些個人的想法，說的也不一定對。如有不同意見，歡迎提出討論。謝謝大家。

24 學霸才能從政嗎？我並不這樣認為

從昨天（二〇二二年九月二十一日）開始，臉書就被台灣某市長候選人自稱「學霸」一事的各種議論洗版。我想談幾句自己的看法。

我個人的人生經歷比較曲折，十五歲從中國回到日本，剛開始日語不好，降了兩級從初二上起。因為看不懂試題，所以我考試除了數學和英文，其他各科都不及格，可以說是名副其實的「學渣」。

物以類聚，當時願意和我交朋友的都是一些比較不愛讀書的孩子，從他們身上，其實我也學到很多。回顧自己的人生，雖然結識過很多被稱為「菁英中的菁英」的學霸，但成為好朋友的卻沒有幾個，因為大多數都談不來。

所謂「學霸」往往認為自己之所以書讀得好，是因為比別人更努力，這一點我並不否認。但是，能夠努力這件事情本身，其實也是一種才能。有的人天生就沒有這種才能，這並不是他的錯。另外，家庭的經濟條件、周圍的環境、聰明的頭腦，以及運氣比較好等種種條件，都有關係。

我是二十歲才上大學的，周圍的同學有一半是高中的應屆畢業生，另外一半是參加過兩次以上大學聯考的復讀生，日語叫「浪人」。慶應大學是一所比較難考的大學，一次就能夠考上的，基本上都是來自日本全國各個有名高中的學霸。

而浪人，則多是非常努力、好不容易才考上的一般人。我大學時代的幾個好朋友都是浪人，我感覺他們因為人生受過挫折，待人接物比較成熟，考慮問題也比較全面。

當然，社會需要學霸，這是無庸置疑的。比如說，在台積電研究開發最先端半導體晶片，就需要絕頂聰明又會讀書的人。由他們組成的團隊來運作，才能夠不斷突破、創新，保持領先地位。

但是學霸才能從政嗎？我並不這樣認為。既然政治人物是全體國民的代表，就應該從各行各業、形形色色的人中選出來才對。名校畢業的學霸，只能證明他上學的時候成績好，並不能保證他能成為一個優秀的政治家。

日本前首相安倍晉三就不是很擅長讀書，他的母校成蹊大學也算不上名校，但並不妨礙他成為傑出的領導者，並且作為首相，率領團隊贏得一次又一次的選舉，留下無數輝煌的政績。

二〇二二年台灣的這次地方選舉，各陣營從一開始就不斷互相攻擊對方陣營候選人的論文有抄襲問題，現在，當事人都已經遍體鱗傷。這類炒作確實成功地吸引了大家的眼球，但是，有關民生的議題，討論得很少，甚至被忽略了。

政治人物的學歷真的有那麼重要嗎？台灣社會似乎應該好好思考一下這個問題。

25 不知俄烏戰爭的爆發，對宮崎駿的價值觀有沒有一些影響？

前幾天（二〇二二年十一月三日），繼東京三鷹的吉卜力美術館之後，又一座以吉卜力動畫為主題的娛樂藝術設施「吉卜力樂園」，在日本愛知縣長久手市正式開幕了。據說，全世界的宮崎駿迷都在搶票。網路上販售的、到今年年底為止的票，都已經被搶購一空。現在想去的人，可能要等到明年以後才有機會。

吉卜力樂園共有五個園區，現在只開了三個，重現了《天空之城》、《紅豬》、《神隱少女》等作品的一些場景。據說最有人氣的是《神隱少女》中主人公千尋搭火車的場景，遊客可以變身為千尋或無臉男，一起乘坐火車。

由日本動畫大師宮崎駿和高畑勳等人一手創辦的「吉卜力工作室」（STUDIO

GHIBLI）為全球孩子們創造了一個充滿奇幻與夢想的世界。根據吉卜力方面的說明，遊客可以通過體驗動畫中的幻想世界，理解宮崎駿先生想傳達的人生觀與價值觀。

宮崎駿出生在第二次世界大戰期間，戰火紛飛的年代。他從年輕的時候就傾向左翼思想，是日本共產黨的支持者，其作品也一直貫徹著反戰、追求和平的理念。他的思想深層之中，有對曾經發動侵略戰爭的日本軍國主義思潮的反省。這種理念，在日本戰後重建、經濟高度發展的時期，非常受到歡迎。

但是最近，宮崎駿在日本也引起了一些爭議。因為他主張的、用相互理解和愛心去化解紛爭的做法，雖然可以感動很多青少年，但並不現實。批評者認為，「反戰」應該是批判加害者，而不是檢討被害者。有的時候，宮崎駿傳遞的和平理念，甚至可能被侵略者利用，去瓦解被侵略者的抵抗意志。有一些人可能會不小心被童話世界的邏輯所誤導。

據日本媒體報導，今年八十一歲的宮崎駿，正在努力製作新的作品，預計明年夏天就可以上映。從宮崎駿的年齡來看，這有可能會是他的最後一部作品。目前暫定的片名叫做「你想活出怎樣的人生」（君はどう生きるか）。

這一片名，來自一九三〇年代的日本作家吉野源三郎的同名作品，充滿了哲學的味道，和宮崎駿以前的作品風格可能不太相同。有電影評論家分析，《你想活出怎樣的人生》可能是《風之谷》的續集，探討在自然環境完全被破壞之後，人類如何生存，以及人類生存的目的等，一些深奧的問題。

不知俄烏戰爭的爆發，對宮崎駿的人生觀、價值觀，有沒有帶來一些影響？非常期待宮崎駿的新作品。不過，動畫是動畫、現實是現實，現實生活中的壞人，並不都像動畫電影裡面一樣，冷酷的外表下有著一顆善良的心。

26 心靈雞湯般的「反戰小故事」，讓大家看不到現實世界的殘酷

最近（二〇二二年十二月）日本有一本繪本非常流行，叫做《終止戰爭的人們》（戦争をやめた人たち），描寫的是一九一四年第一次世界大戰期間的「聖誕節停戰」的故事。

這是一個發生在歷史上的真實故事。在戰場上對峙的英軍和德軍，在聖誕夜忽然唱起了各自的聖誕歌曲，隨著美妙的歌聲，互相暫時消除了敵意。他們爬出了戰壕，一起載歌載舞，並互相交換禮物，還進行了足球的友誼賽。

這場由前線士兵自動發起的「聖誕節停戰」，後來廣為流傳、成為佳話，並被拍成了電影。這次俄烏戰爭爆發以後，日本畫家鈴木守拿起了畫筆，希望透過這個故

事，呼籲民眾鼓起勇氣、積極反戰，早日實現世界和平，而日本的多家報紙都介紹了這本書。

很遺憾，二〇二二年聖誕節的今天，烏克蘭戰場上進行的戰爭還沒有結束。

我認為，這個故事反映了人類愛好和平、反對戰爭的本性，但是，過度美化這個故事也是很危險的。因為，在歷史上，這場「聖誕節停戰」並沒有達到任何反戰的效果。聖誕節過後，戰爭繼續開打，而且，一九一五年以後的聖誕節，再也沒有停戰過。一九一六年，具有大規模殺傷能力的毒氣彈在歐洲戰場上被使用。到一九一八年聖誕節為止，第一次世界大戰造成了超過一千六百萬人的死亡。

有人分析，一九一四年的「聖誕節停戰」的背景，是在第一次世界大戰剛剛爆發不久，雙方的敵對感還並不十分強烈，並且大部分參戰人員都在幻想能夠早日回家。「聖誕節停戰」僅僅是第一次世界大戰當中，成千上萬個悲劇故事中的一個小小的插曲。

過度強調這種類似心靈雞湯的「反戰小故事」，有時候會讓大家看不到現實世界的殘酷。俄羅斯入侵烏克蘭後，在烏克蘭，有一些親俄派鼓吹不要抵抗，他們也愛引用這種反戰的小故事。反戰的主張固然重要，但應該去到發動戰爭的侵略者的國度去反戰，那才是英雄。

在被侵略、被霸凌的國度裡面反戰，那就是「投降派」。他們的行動，可能會給被侵略的國家和民族帶來萬劫不復的災難。

今天，在烏克蘭首都基輔，有一棵烏克蘭國旗顏色的巨大聖誕樹，象徵他們絕不屈服的頑強精神。

27 一旦出了事情，當事人要負起責任，是日本的傳統

七月八日（二〇二二年），日本前首相安倍晉三在奈良遇刺身亡。在一個半月以後（八月二十六日），日本員警的最高首長、員警廳長官中村格，以及員警廳警備局局長櫻澤健一、奈良縣警察局長鬼塚友章，同時宣布引咎辭職。

他們三人在安倍遇刺事件之後，撰寫了一篇詳細的事件調查報告，提出今後重要人物維安方法的改善建議。之後，他們一起提出了辭呈。這種做法非常「日本」，在網上引起了一些討論。

這一次安倍遇刺，負責維安的警方，的確負有非常大的責任。

第一，是人手配置不足。日本警方並沒有公布安倍遇刺時，現場的維安人員的人

數。媒體推測，當天在現場，專業的保鏢應該只有一兩個人，還有十幾個維持秩序的當地員警。這個人數配置是按照規定安排的。

日本過去曾經有一段時間頻繁更換首相，所以有很多位前首相。給這些前首相配置的安保人員的人數都是一樣的，要遠遠少於現任的部長級官員。從這一點就看出了日本官僚體制的僵化、墨守成規。他們沒有考慮到安倍前首相的影響力，要遠遠高於別人。

第二，現場的維安人員因疏忽，造成安倍前首相的背後出現了空檔，讓凶手接近到距離安倍前首相後背近五公尺的地方。這絕對是一大過失。

第三，凶手開第一槍和第二槍之間，有兩、三秒的空白時間，但維安人員並沒有即時反應，沒有撲倒凶手，也沒有擋在被保護對象身前。安倍首相是被第二槍打中的。

這些失誤，和長期處於和平時代的日本員警普遍缺乏訓練和實戰經驗有關，是日本員警機構整體需要反省的地方。

這次引咎辭職的三人，中村長官和櫻澤局長剛剛就任十個月，鬼塚奈良警察局長則在今年三月剛剛赴任，還不熟悉環境。說句老實話，要這三個人承擔責任，是有一些不公平的。但是，一旦出了事情，當事人要負起責任，這是日本的傳統文化。比如說，二戰結束日本宣布投降時，陸軍大臣阿南惟幾寫下了「以死謝大罪」的遺書後切腹自殺。其實，阿南被任命為陸軍大臣時是一九四五年四月，當時日軍在各地戰場上已經潰不成軍，日本戰敗根本不是阿南的責任。

戰後七十多年過去了，日本的這種引咎文化還在延續。讓人較為擔心的是，在官僚系統中，往往有人辭職之後，問題還是沒有改善。

但如果和中國比起來，我還是比較喜歡這種有傳統武士道精神的做法。我採訪中國問題已經二十多年了，見過各種由於政府不作為而造成的大小悲劇。我只聽說有人被就地免職，從來沒有聽說過有任何中國官員引咎辭職的事情。

28 普發現金的好事為何變成壞事？

針對經濟成果全民共用，行政院長蘇貞昌今天（二〇二三年一月四日）宣布「每人普發現金六千元」。這段時間，政府應不應該發錢給每個人這件事情，成為了台灣社會最關心的話題之一。有贊成的、也有反對的，這種事情，其實沒有什麼對錯。發錢，有發錢的道理；不發錢，也有不發錢的理由。

但是，對執政者來說，最重要的是政策的決定過程，要公開透明、要迅速。如果操作不慎，往往容易把好事變成壞事。

日本就曾經有過慘痛的教訓。二〇二〇年三月，日本國內疫情蔓延、經濟活動停擺，很多家庭收入銳減，國民生活受到了巨大的影響。當時，有在野黨的國會議員提出，要求政府給每個人發放十萬日圓的現金進行紓困。執政黨內也立刻出現一部分議員附和。

但是，日本的財務省堅決反對這個方案。其理由是「並非所有的人生活都受到了疫情的影響」，沒有必要發錢給每個人。而且，政府一時也拿不出這麼多錢。當時的安倍晉三內閣，一開始也表現得比較猶豫，遲遲沒有表態。但是面對洶湧的民意，拖到四月中旬，在沒有完全取得黨內共識的情況下，內閣會議決定給全國大約一千三百萬個貧困家庭，每家補助三十萬日圓。安倍內閣當時是這樣想的：如果全體國民每人發十萬的話，政府要花十二兆日圓；只補助貧困家庭的話，只要出四兆日圓就可以了。

但是沒想到，這個政策一推出，立刻遭到了民意的激烈反彈。一個主要的原因是，日本的貧困家庭，因收入低於標準，大部分基本上是不必納稅的。而在疫情中受到衝擊最大的，是那些努力工作、認真納稅的中小企業經營者。

「拿納稅人的錢送給不用納稅的窮人」，這個政策被批評為「殺富濟貧」。而且，戶籍只有一個人的家庭拿三十萬，有七、八個小孩的大家庭也同樣拿三十萬。相較之下，就有相當強烈的不公平感。

此紓困政策發表之後，不但在野黨和媒體反應強烈，執政黨內也出現反對的聲音。自民黨的二號人物二階俊博幹事長，公開在媒體上批評；和自民黨組成聯合政權的公明黨，甚至表示要脫離政權。

在內外強大的壓力之下，安倍首相不得不在一個星期之後，宣布改變政策，回到每個國民都發十萬日圓的方案，但為時已晚。明明是給政權加分的政策，最後變成了止血的政策，安倍內閣的支持率也跌到了百分之四十以下。五個月以後，安倍內閣宣布總辭職。一方面是安倍首相個人的健康原因，一方面和防疫紓困不利、支持率一直低迷也有關係。

29

「政治人物的評價要交給歷史，我不會在乎同時代人的閒言碎語」

今天（二〇二三年一月十一日）媒體傳出，行政院長蘇貞昌向蔡英文總統請辭。感到一個時代即將結束。出身美麗島辯護律師的蘇貞昌，從黨外時代起，在台灣的政治舞台第一線活躍了四十多年。想對他說一聲「辛苦了」，並感謝他帶領台灣走過了疫情這三年。

蘇貞昌的辭職，其實在九合一選舉後就已經可以預料到了。民主政治就是責任政治。行政機構的最高首長，負起敗選的責任，也算是責無旁貸。在媒體的批評聲浪中，蘇院長堅持到預算在國會通過，也是一種負責任的態度。

這幾年觀察台灣政治，個人認為，蘇院長非常會解決問題。面臨種種內憂外患，把行政院政務處理得井井有條，在任期中並沒有重大的失誤。要說有什麼不盡如人意的，可能就是有的時候對在野黨議員的態度不太好。

但是，他這一路上卻飽受了各種各樣空穴來風的攻擊。比如說，最近這幾個月，不少媒體都在說台灣的治安不好。但我們如果看數字，就知道這完全是不實炒作。

蘇院長在任這幾年，台灣的犯罪率幾乎每年都在下降。根據內政部的資料，台灣的刑事案件發生的件數，二〇一五年是二十九萬七千多件，二〇二一年降到了二十四萬四千多件。

另外，根據全球資料庫網站（Numbeo Crime Index）的排名，二〇二二年的安全指數，台灣位列全球第三，僅次於第一名的卡達、第二名的阿拉伯聯合大公國；相較之下，日本排名第八、韓國第二十一、新加坡第二十四。台灣的經濟數字也是同樣亮眼，就不再贅述。

記得以前讀日本前首相麻生太郎的傳記時，看過這麼一段記載。麻生小的時候，外祖父吉田茂擔任日本首相，幾乎天天都被人罵。甚至有人跟麻生說，「如果你外祖父死了，日本就會變好」。可是，幾十年後，當麻生當上首相時，有很多人批評他，卻說「你外祖父那麼偉大，你怎麼會這麼差」。

麻生為自己的外祖父終於得到了正面評價感到高興，但也沒有為別人批評自己而感到沮喪。他說：「政治人物的評價要交給歷史，我不會在乎同時代人的閒言碎語。」

蘇院長任內當然也有各種各樣的問題，但我認為，總體而言，蘇院長這幾年對台灣的貢獻，可圈可點。

30／這篇文章不是平戶市觀光局的業配

最近有一條日本的新聞很值得注意。日本九州長崎縣平戶市的黑田成彥市長，日前突然宣布，不支持九月十九日（二〇二二年）在長崎縣舉行的日中邦交正常化五十週年的紀念活動。

他向媒體表示，中國圍繞台灣海峽舉行了軍事演習，八月四日向日本的專屬經濟水域發射了五枚飛彈，既沒有解釋，也沒有道歉，是非常不友好的行為。在這種環境下，他沒有辦法支持日中友好的活動。

長崎縣的日中邦交正常化五十週年紀念活動，是由當地的日中友好團體主辦，各地方政府以協辦或支援的方式參與，長崎縣的各地方政府都按照慣例掛名支持。

但黑田市長對此提出疑問，並在八月十九日舉行的長崎縣市長會議中，提案由市長們聯名向中國抗議。黑田還向日本媒體表示：「長崎是愛好和平的地方。中國用武力恐嚇台灣的手段不可取。不如我們趁這個機會，全面發展和台灣的關係。」

今年的九月二十九日，是日中邦交正常化五十週年。在日本全國各地的親中團體，紛紛舉辦各種紀念和慶祝活動。這種和外國促進關係的活動，一般都會得到各地政府的支援。

黑田市長的發言，一定會引起波瀾，讓大家重新思考對中關係。

平戶是日本最西端的一座小城，人口只有三萬多人，明末曾統治台灣的鄭成功就出生在這裡，並度過了童年。位於平戶海邊，至今仍矗立著一塊鄭成功兒誕石。鄭成功的母親也是平戶人。因為鄭成功的關係，平戶一直和台南有交流。

黑田市長曾多次訪問台灣，公開表明自己是親台派。去年六月，還和台南市的黃偉哲市長進行線上點心試吃交流會。

待日本全面開放旅遊之後，建議大家有機會去一趟平戶，那裡的溫泉、海鮮，都很有名。有一家海上旅館，晚上觀月據說是絕景。還可以順便看一看鄭成功紀念館。

我自己也還沒有去過平戶，一定要找機會去一次。

在此聲明一下，這篇文章不是平戶市觀光局的業配。只是我覺得，有人挺台灣，大家過去支持一下，就會形成良好的互動。如果有哪位朋友去過平戶，也歡迎來分享一下。

31 「青春、友情、汗水、淚水」，橘色惡魔來了

日本的「橘色惡魔」要來台灣了。受慶籌會（國慶籌備委員會）與文化總會（中華文化總會）的邀請，二〇二二年十月十日國慶日，「京都橘高校吹奏部（管樂團）」將來到台北，在慶典上表演。

橘高校是位於日本京都府的一所私立高中，創校已經有一百二十年的歷史了，本來是一所女校，二十年前改為男女共學。「京都橘高校吹奏部」是該校的一個音樂社團，擁有世界頂級的實力，曾兩次代表日本參加美國西部最大的遊行慶祝活動「玫瑰花車大遊行」。一百多名社團成員，其中百分之九十以上是女生，穿著橘色制服。

有人背的樂器重達十幾公斤，但所有人都一邊洋溢著微笑，一邊做出整齊劃一的

舞蹈動作，還能吹準每一個音符，曲目生動活潑，給觀眾帶來歡樂的氛圍。因為在全國大會上多次獲得金獎，不給別的學校機會，而被競爭對手們稱為「橘色惡魔」。

日本很多電視媒體曾經做過京都橘高校吹奏部的專題節目。團員們每天早上七點開始練習，放學後也要練習兩、三個小時，週六週日都沒有休息。除了練習樂器外，據說還要通過心算數學題來提高集中力，以及做運動來提高體力和平衡能力。新人從第一天起，就開始練習步伐，力求邁出的每一步精確到六十二點五公分。

該團體的表演在日本非常有人氣，每年年底會舉辦一場定期公演，在網路上販賣的近千張門票都在一分鐘之內被搶光。

網上有粉絲說：「在表演中有很多強而有力的踢腿動作，所以每年都會有一兩次，出現團員把鞋子踢飛出去的狀況，那個時候也是看點。你會看到所有的團員，不受到絲毫的影響，繼續微笑著表演。鞋子脫落者則會以最快速度出列、穿鞋，向觀眾施禮後歸隊。幾秒鐘後，一切恢復正常。」

十幾歲的年輕團員能夠做到如此坦然、冷靜地對待失敗，實在很不簡單。我也很期待能和台灣的觀眾們，一睹他們的風采。三年前開始的疫情，影響了所有人的生活，使很多台日交流活動都停止了。希望京都橘高校吹奏部的這次台灣之行，能夠成為雙方交流再出發的起點，把台日關係推到一個新的高度。

果然，這幾天，京都橘高校吹奏部在台灣引起了很大的話題，彷彿掀起了一陣「橘色旋風」。台灣的很多媒體，不但詳細報導了他們幾場演出的細節，連同學們住的飯店在哪裡，有的學生愛吃麥當勞等，生活中的各種花絮都成為了大家關心的新聞。

特別是在自由廣場，橘高校的同學們和北一女樂儀隊、台中曉明女中管樂隊舉行的表演交流，聚集了數千名觀眾。三組樂團雖然風格不同，但同樣煥發著青春與活力。

記得多年前，曾經採訪過一位日本著名的漫畫雜誌編輯。他告訴我，暢銷漫畫的共同點就是把「青春、友情、汗水、淚水」，根據劇情需要放進去。當這幾個要素凝聚在一起，就能給讀者帶來感動。

「汗水」代表平時的刻苦努力，「淚水」則代表失敗時的挫折和成功時的喜悅。今天表演的三組團體的成員，都是普通的學生，他們的表演在藝術性、成熟度上，或許和專業演員們比起來，還有一定的差距；但是，「青春」的他們，為了每一場演出流下的汗水和淚水，也一定遠遠要多於成年人。而他們的表演，又加上了「友情」的要素，有如一卷精采的漫畫，在情節高潮處，給我們帶來了深深的感動。

我也看到一些讀者留言，比較日本和台灣儀隊表演的差異。有的人說，「這群日本來的小美眉，表演方式與我們台灣樂儀隊不同，多加入舞蹈俏皮表演在其中，實在非常精采」。他們建議台灣的高中可以借鏡，融入更多青春活力的元素，而黨國體制下的那種樣板樂儀隊傳統，「看了實在是猛打哈欠，隨著時代變遷早該更新了」，不過「這不是怪同學努力不夠，而是台灣大人的腦袋還在戒嚴時代」。「希望橘高校帶給台灣的，不僅是暫時的眼球發亮，而是邁向心靈的解放，這才是國家生日最需要的祝福」。

在漫長的疫情之後，京都橘高校吹奏部作為台日交流重新開始的象徵，他們這次的訪台，有非常重要的意義。台日雙方的民間情感，獲得了進一步的發展，在年輕一代之間，也有望生成強韌的紐帶。這是一個很好的新開始。

輯三　全世界最喜歡安倍前首相的，是台灣人

32 台灣失去了一位最好的朋友

日本前首相安倍晉三，今天（二〇二二年七月八日）在奈良縣為同屬自民黨的參議院選舉候選人站台時遭到槍擊。經搶救無效，於今天下午不幸去世，台灣失去了一位最好的朋友。慟哭。

安倍前首相的保守思想和產經新聞的主張最為接近，是我最尊敬的日本政治家之一，曾經有過多次近距離接觸。他非常重視理念，但人很隨和，即使和政敵，也能有良好的互動。

最令人佩服的是，安倍前首相從來不擺架子，而且做事非常努力。去年自民黨總裁選舉，他為候選人高市早苗拉票，據說一天最多打了四百五十通電話，讓很多年輕的國會議員自愧弗如。

我來台灣以後，在家裡的顯眼位置一直擺著安倍的書法「不動心」三個字來自勉。

原本以為今年八月在台北「台灣安倍晉三之友會」的成立大會上，可以再次見到安倍前首相，沒想到會發生這樣的事情。日本媒體報導說凶手已被抓到，是一位前海上自衛隊的隊員，曾受過專業的軍事訓練。他事後對員警說，行凶的理由是「對安倍不滿」。

安倍晉三曾兩次出任首相，共八年九個月，是日本歷史上在任期間最長的首相。同時，他現在還是執政的自民黨的最大派系「安倍派」的領袖。首相在任期間，在內政上用「安倍三箭」拯救日本經濟，取得了良好的成果。在國防和外交上更是成果豐富。二〇一五年主導修訂安保法，允許自衛隊派往海外參與美軍的作戰任務，大大提升了日本在國際社會上的戰略地位。

安倍的外交方針可以概括為「親美、挺台、抗中」六個字。他提出的「印度太平洋戰略構想」得到了美國、印度、澳大利亞等民主陣營各國的支持。

安倍對台灣十分友善，曾提出「台灣有事就是日本有事」的說法。在目前日本的政治格局中，安倍是台灣最大的支持者。他的政治路線現在基本上被岸田文雄內閣所繼承，今後很長時間內，也會對東北亞及全世界留下深遠的影響。

安倍在選戰中遇刺身亡，說明日本的民主也受到了嚴峻的挑戰。俄烏戰爭爆發以後，全世界的意識形態對立加劇。民主國家的政治家的人身安全尤為重要，台灣和日本都應該更重視這個問題。

・・・

安倍晉三前首相的突然離世，在台灣社會受到了巨大的關注。很多日本媒體都報導了「台北一〇一」開始點燈，以「敬悼安倍首相，台灣永遠的朋友」的字幕，表達對「最挺台的日本友人」的感恩之情。

我到慶城街的日本台灣交流協會去採訪，看到很多民眾手捧鮮花前來弔唁。因為是週末，交流協會並沒有開門，大家只能把花交給警衛，也不能留言，但訪客依然絡繹不絕，有的人甚至哭紅了眼圈。

這讓人不禁想起兩年前，李登輝前總統去世的時候，在東京白金台的代表處前，也有很多日本人排起長隊，為李前總統獻花。政治人物在國外能夠受到民眾如此愛戴，尋遍全世界，恐怕也只有李前總統和安倍前首相兩人了。日本和台灣能夠有今天的親密關係，和這兩位政治巨人的理念、努力，以及人格魅力是分不開的。

台灣安倍晉三之友會的陳唐山會長也來到日本台灣交流協會弔唁，獻上鮮花。安倍的突然離世，對六月剛剛成立的安倍之友會的影響是最大的。該會本打算在夏天舉辦成立大會，邀請安倍本人來做嘉賓。雙方正在商量具體日程之際，安倍卻突遭不幸。

陳會長說：「安倍之友會不能因安倍先生不在了就散掉，我們要繼承前首相的遺志，把日台親善推動下去。」該會正在計劃明年開始啟動一個獎助優秀日本年輕人來台灣留學的獎學金計畫，由前中研院院長李遠哲擔任獎學金的選考委員長，培養日本下一代的「知台派」。

安倍的離去，對今後台日關係的損失是重大的。日本政界中雖然也有很多「親台派」，如自民黨政調會長高市早苗、防衛大臣岸信夫、經濟產業大臣萩生田光一、前國家安全委員長古屋圭司等人，都是力挺台灣的好朋友。但是，既有理念、又有實力，既有人氣、又有國際影響力的全才，只有安倍一人。

安倍留下的空白，今後需要大家一起努力填補。

33 日本歷史上最有名的第一夫人

今天（二〇二二年七月十二日）看電視轉播日本前首相安倍晉三的葬禮，當靈車駛出增上寺時，畫面上，遺孀昭惠夫人坐在前座，手捧著牌位，低頭向路旁的民眾點頭示意，但當路邊沒有人時，她就凝視著手上的牌位。她哭腫了雙眼、神情憔悴的模樣，令人感到心疼不已。

安倍昭惠應該是日本歷史上最有名的第一夫人。據採訪過她的媒體記者說，闊家大小姐出身的安倍昭惠，是一個非常善良的人。天真爛漫、不甘寂寞，把所有的人都當作好人。她非常想為丈夫、為國家做一些事情，但有時不得要領，反而給丈夫添了麻煩。

幾年前，大阪有一家幼稚園，園長夫妻自稱支持安倍的保守理念，要成立一所重視日本傳統教育的小學。安倍昭惠聽到他們的理念後非常感動，就捐了一百萬日圓，還同意擔任該校的名譽校長。

沒想到後來媒體爆出，這對夫妻在購買國有地時，曾採用欺騙和恐嚇的手段，是用很低的價格買到蓋小學用的國有地的。事情爆發之後，帳戶中發現了安倍昭惠的捐款。因為一般都是商人向政治人物捐款，很少聽過政治人物的家屬向商人捐款的，於是引起了軒然大波。在野黨懷疑安倍和該小學的關係，並質疑安倍夫人曾在背後向官員施加壓力。

當時，身為首相的安倍晉三在國會答辯時說：「如果查出我本人或我妻子和這件購買土地案有任何關係，我不但會辭去首相的職務，連國會議員也不做了。」一席話擲地有聲，表達了對妻子的無限信任。

安倍夫妻一九八七年結婚，夫妻感情很好，但一直沒有小孩。龐大的安倍後援會，希望安倍能有接班人，所以，曾經有一段時間給過昭惠夫人很大壓力。再加上，昭惠夫人並不擅長選舉，和後援會幹部的互動一直不是很好。但不管發生什麼事情，安倍永遠都選擇站在妻子這一邊，久而久之，後援會裡就沒有人再說話了。

幾十年來，八卦媒體報導過昭惠夫人開居酒屋、擔任電台ＤＪ、追星等故事。她曾被媒體拍到親自在居酒屋端盤子、掃地及接待客人的畫面，遭質疑「有失國家尊嚴」，也有些人批評她不適合當第一夫人。

但是，安倍堅定支持她，並向媒體表示，開店是妻子追求的理想，何錯之有？安倍永遠都是默默擋在夫人身前，保護夫人。從政幾十年，安倍前首相從來沒有傳出過任何女性問題或緋聞。

安倍前首相遇刺身亡，昭惠夫人失去最愛、最理解且呵護自己的人。今天在喪禮之後，她很堅強地向親友們表示：「謝謝各位一直以來支持安倍晉三，儘管我對未來感到不安，但還是謝謝大家。」

34 「我原本是希望安倍來為我致追悼詞的」

七月十三日（二〇二二年），在日本前首相安倍晉三的葬禮上，麻生太郎前首相作為安倍的友人代表致詞。他念了一篇感人至深的悼詞，在日本社會引起了廣泛的迴響。

今年八十一歲的麻生太郎，比安倍晉三年長十四歲。他表示，安倍擁有與生俱來的外交能力，還有不妥協的魄力，讓日本在國際社會上提高存在感。他稱讚安倍是「戰後最優秀的政治家」。

麻生和安倍兩人，本來在政治光譜上並不十分接近。麻生的外祖父吉田茂，和安倍的外祖父岸信介，曾經是日本政界一對有名的政敵。兩人分別代表戰後日本的兩條政治路線：吉田茂主張「重商輕兵」，也就是在國防上依靠美國，日本只要埋頭發展經濟；而岸信介則推動修改和平憲法，希望日本能夠早日在國防上自立自主，變成正常國家。目前的日本雖然是經濟大國，但外交國防上可謂是「單肺國家」，無法做激烈運動。

五十年後，安倍和麻生分別繼承了各自外祖父留下來的派閥，也是競爭關係。兩人突然接近，是在二〇〇九年自民黨敗選，由執政黨變成在野黨之後。原來日理萬機的兩人，突然有了空閒，就經常一起聊天吃飯，越聊越投契。麻生也覺得重商輕兵的路線，已經不再適合今天的日本，於是在政策面逐漸向安倍靠攏。

麻生家被稱為「麻生財閥」，非常富有，所以安倍經常帶一些年輕議員去麻生的辦公室說：「我們來給麻生先生請客了！」麻生每次都苦笑著回說：「快讓你們吃窮了！」然後高興地帶著大家去吃飯。因為經常一起吃飯，麻生派和安倍派年輕議員的私交特別好。

自民黨奪回政權後，安倍組織新內閣，由麻生出任副總理兼財務大臣，全力輔佐安倍。自民黨有七個派系，安倍、麻生兩派加在一起，超過一百四十人，占自民黨國會議員的三分之一以上。兩派聯手，自民黨內的其他派系就不敢輕易向安倍政權發起挑戰。

在安倍長期執政的八年中，也曾有過幾次政權危機，麻生也有過再次挑戰首相的機會，但是他多次向周圍說：「安倍比我強，我輔佐他。」兩人的聯手，給了日本政權帶來了八年的安定。

面對比自己小十四歲的盟友的離去，麻生昨天在致悼詞時，最後一句話說：「說實在的，我原本是希望安倍來為我致追悼詞的……」情真意摯，令人動容。

35／他其實是一個怕寂寞的人

很多朋友希望我多寫一些有關安倍晉三前首相和日本政局的事情，今天（二〇二二年七月十四日）就介紹一下安倍和他多年的搭檔——菅義偉前首相的故事。

菅義偉自二〇一二年第二次安倍內閣成立伊始，就出任內閣官房長官，共當了八年安倍的副手。安倍擅長外交，經常到國外訪問；菅義偉負責看家，把內政打理得井井有條，兩人攜手度過了一道又一道的難關。

安倍在二〇二〇年因病辭去首相之後，菅義偉成了安倍的接班人，基本上繼承了安倍的政策。二〇二一年六月，日本政府僅用了十天就完成了贈送台灣疫苗的所有手續，就是在安倍的推動下，菅義偉內閣全力配合而得以實現的。很多人說，如果不是任內疫情肆虐，菅義偉也不會僅做一年就下台。

昨晚，一臉憔悴的菅義偉接受了富士電視台的採訪，在節目中，他回顧了安倍遇刺當天的情景。菅義偉說，他本來要前往沖繩助選，正在去羽田機場的路上，突然接獲安倍遭槍擊的消息，立刻取消行程，改搭新幹線趕赴奈良醫科大學附屬醫院。

主持人問，為什麼不繼續等候消息而急著要趕去醫院呢？菅義偉表情凝重，哽咽說道：「因為聽說是胸部中彈……要是有個萬一……我想和他呼吸相同的空氣……」

停了一下，菅義偉繼續說：「安倍其實是個怕寂寞的人，所以我想待在他的身邊，就趕過去了。」此時，一旁提問的男主持人已泣不成聲，問不下去。

菅義偉比安倍年長六歲，兩人在自民黨內並不屬於同一派系。出身名門望族的安倍，三十八歲就當上了國會議員，屬於黨內菁英。而從國會議員秘書、橫濱市議員，一步一步爬上來的菅義偉，第一次當選國會議員時，已經快五十歲了，屬於草根型政治人物。菅義偉回顧，同在國會的最初幾年，兩人幾乎都沒有怎麼說過話。

兩人第一次近距離接觸，是因為菅義偉在一次自民黨的會議上，對黨的北韓政策表達了不滿，砲轟黨中央。此舉引起了軒然大波，被媒體廣泛報導。正在孤立無援的時候，安倍突然前來拜訪，當面表示自己支持菅義偉的意見。

此時的安倍，是小泉內閣的官房副長官，是自民黨重點培養的幹部。但是，基於政治理念，安倍無懼得罪黨內大老，站出來支持一個和自己毫無瓜葛的人，令菅義偉十分感動。他說：「從那一刻起，我就下定決心，一定要讓安倍當上首相。」從此，開啟了兩人長達二十年的共同奮鬥。

菅義偉是一個工作狂，有一次被人笑話「只會工作，什麼愛好都沒有」時，他回答說：「我的愛好是安倍晉三。」

安倍遇刺當天，菅義偉趕到醫院時，安倍還沒有過世。面對長年的搭檔，菅義偉深深鞠了一躬，「對多年來的提攜與關照」表達了發自內心的感謝。

36／向死而生的安倍哲學

七月十五日（二〇二二年）晚上，產經新聞的前政治部長石橋文登在「言論テレビ（電視台）」著名主持人櫻井良子的節目上，談到了他所認識的安倍晉三前首相。日本的報社通常會派一些年輕記者，去和一些前途被看好的年輕國會議員交朋友，讓他們經常一起吃飯喝酒、打高爾夫球，以建立信任關係。等這些政治人物成為政要之後，好方便拿到一些獨家報導。

石橋就是在九〇年代末開始，和安倍晉三交朋友的，一直交往了二十多年。我在東京當編輯的時候，石橋是編輯長，經常聽到他和時任首相的安倍在電話上像朋友一樣聊天。

石橋曾經說，安倍非常尊敬自己的父親安倍晉太郎。他年輕時曾給父親當過九年的秘書，他的很多處世哲學和待人接物的方法，都來自父親。所以，他一定會在辦公室裡的醒目位置放上一張父親的照片。

安倍晉太郎擔任過外務大臣、自民黨幹事長等重要職務。在距離當上首相還差一步的時候，因癌症去世，享年六十七歲。

石橋在接受採訪時說，四年前，有一次他去首相官邸找安倍，發現安倍在不停地指揮安排新的工作，於是問道：「為什麼要把自己弄得這麼忙？」

安倍回答說：「時間不多了。我父親是六十七歲時過世的，我的身體不如父親好，能夠活到六十七歲就不錯了。所以，要把人生當作還剩下四年來安排，多做一些事情。」

石橋還說，安倍一直以來最想做的事情，是在自己的任內修改日本的憲法。但因為疫情的突然出現、打亂了節奏，不得不放棄，把修憲的事情交給黨內的後進。

去年九月，安倍過六十七歲生日，很多朋友前去祝福。安倍卻對好朋友麻生太郎說：「如果允許的話，還想再活三年。希望可以活到七十歲……因為擔心台海有武力衝突的危險。」安倍對石橋也說：「習近平的第三任期前半很危險，日本一定要做好準備。」

後來，安倍提出了「台灣有事就是日本有事」、「日本要考慮和美國核共用」，以及「要把國防預算提高到GDP的百分之二」，甚至投稿給美國的《洛杉磯時報》，要求美國改變對台灣的戰略模糊政策。這些動作在某種意義上，都可以說是石破驚天的。其目的只有一個，就是警告中國，不要在台海輕舉妄動。

石橋說，做為政治家的安倍晉三，一直以「向死而生」的態度在運籌帷幄。他原來打算要用三年的時間，來緩解台海危機。沒想到，七月八日卻倒在了奈良的街頭，和他的父親一樣，享年六十七歲。

37／安倍外交的真髓

今天（二〇二二年七月十七日）讀了日本前首相安倍晉三的外交顧問、慶應大學教授谷口智彥發表在《日本時報》（*Japan Times*）上回顧安倍外交的文章。感慨良多。

谷口智彥是記者出身，多年擔任安倍的英文演講稿撰稿人，曾跟隨安倍多次出訪。每次重要演講之前，他都要和安倍深談之後才執筆，在某種意義上，他是最瞭解安倍外交思想的人。

谷口說，安倍在首相任期中出訪過一百七十六個國家，他的專機的飛行距離是一百五十八萬一千兩百八十一公里，差不多繞赤道四十周。而且，安倍一直努力不讓自己的出訪行程影響到內政。比如說，二〇一五年，同是採取議會內閣制的英國，卡梅隆首相出席國會的時間不足五十個小時，而安倍卻達到三百七十個小時。所以安倍幾乎沒有休息的時間，每到週末他都會登上飛機。谷口稱之為「殘酷（brutal）的行程」。

谷口說，因為安倍知道日本周圍有俄羅斯、北韓和中國三個擁有核武的國家，而且都不能算是民主國家，這對日本是嚴重的威脅。面對如此危險的局面，只有花更多時間和民主國家結成更牢靠的夥伴關係，同時提高國際地位，才能使日本更安全。

安倍提出了印度太平洋戰略，同時主導成立了美日印澳「四方安全對話」（Quad）。如果沒有安倍，「跨太平洋夥伴全面進步協定」（CPTPP）也不可能實現。這一切的目的，其實都是為了遏制中國的對外擴張。

谷口還說，安倍最了不起的地方，是他的人格魅力，他可以很快地和各國的領袖成為好朋友。這一點我們從安倍遇刺後，各國領導人發表的談話就可以看出，除了個別國家以外，幾乎沒有四平八穩的官樣悼念文章。很多人都難以掩蓋內心的悲傷，吐露了對安倍的真情。

加拿大的特魯多首相說：「朋友，你不在，我們會覺得寂寞。」

印度的莫迪首相說：「面對最親密的朋友的悲劇，我感到了難以用言語表述的衝擊和悲傷。」

美國的川普前總統說：「晉三是我的真正的朋友，也是美國的重要朋友。他是一個了不起的人，他是一個愛國者。他是一個怎樣偉大的人物，歷史會告訴我們的。」

谷口曾經在別的著作中提到，安倍和川普有良好的信任關係，他們經常在高爾夫球場上談論國際政治。缺乏外交經驗的川普，他的很多亞洲政策，其實都是聽取了安倍的建議，或者受到了安倍的影響。比如說如何讓北韓停止核開發、對中國採取強硬態度，以及對台灣的支持。

蔡英文總統是這樣評價安倍的：「這些年來，不論台灣遇到震災或是疫情挑戰，安倍前首相總是伸出援手。在國際場域，他也為台灣仗義執言，積極支持台灣的國際參與。安倍前首相對台灣的友好和溫暖，將會永遠留在我們的心中。」

38 為何台灣有事就是日本有事？
——談《安倍晉三大戰略》

《安倍晉三大戰略》一書的「創會紀念版」，原定要在「台灣安倍晉三之友會」舉辦成立大會時，發給顧問、發起人和安倍前首相本人作為紀念。八旗文化特地做了不一樣的書腰版本。很遺憾，成立大會將改為追悼音樂會。

該書裡有一篇我寫的推薦序，今天（二〇二二年七月十日）和大家分享其中一段，關於「台灣在安倍大戰略中扮演的角色」（節錄）：

安倍在中國崛起的威脅下，從二〇一七年開始，努力促成Quad（四方安全對話）以圍堵中國的擴張。而中國的擴張，就是台灣的危機。因為中國侵略其他國家有國際法的問題，但台灣的國際地位模糊，若中國以國內法的名義侵略台灣，外國難以插手。為了讓中國打消侵略台灣的念頭，亞洲的民主陣營便需要保持軍事上的絕對優勢。

現在的美國雖然在亞洲保有強於中國的軍事優勢，但今後這樣的優勢未必能繼續維持。因此，日本在美國的支持下尋求改憲，脫離戰後體制，並增強軍事實力。但是，光靠日本的力量還不夠，還需要聯合印度和澳大利亞，才能有效維持地區安全。

所以，安倍構思的 Quad，可以說就是為了保護台灣。安倍認識到，今天的日本站在新冷戰架構中的最前線，而台灣的位置，則是比日本還要更前面；日本若是烏克蘭，而台灣就是克里米亞，所以安倍當然要挺台灣。台灣淪陷了，日本不僅會成為衝突的最前線，作為國家命脈的海運航線也會被中國切斷。可以說，台灣與日本有著唇亡齒寒的關係。

因此，安倍主張，日本要全力支持台灣，更在二〇二一年底明確地喊出：「台灣有事就是日本有事，日本出於國家戰略的需要，會全力支援台灣。」

另外，「安倍大戰略」中最為強調的部分，乃是台灣與日本都擁有「自由民主」的最核心價值。因此，安倍在日本繼續推動台灣加入 CPTPP（跨太平洋夥伴全面進步協定）、提供台灣疫苗等等，除了基於日台之間的友誼，更是不希望台灣因為內部政治動盪而導致混亂。

我認為能左右台灣命運的國際力量，百分之七十來自美國，百分之二十是日本，其它占百分之十。換句話說，台灣只要有日、美支持，就能決定自己的未來。

39 對敵人心存感激，正是安倍的強大之處

日本的岸田文雄首相，前幾天（二〇二二年七月十四日）決定，在今年秋天為安倍晉三前首相舉辦國葬。我認為，這是一個英明的決斷。

日本在二戰以後的政治家當中，只曾為帶領日本走出敗戰陰影的吉田茂前首相一個人，舉辦過國葬。

我認為，安倍前首相為日本、為亞洲、為世界做出的貢獻，絕不遜色於吉田茂。安倍帶著日本在國際社會上，重新找到了自己的角色。而且，安倍留下的政治思想，今後還會在相當長一段時間影響日本，甚至周邊國家。為安倍前首相舉辦國葬，可以提高日本在國際社會的影響力，同時也能延續安倍思想的生命力。

但是，日本也有很多人反對國葬。這幾天我就在日本的網路上，看到反對國葬的署名運動。反對國葬的人，提出的理由主要有三個：

第一，是浪費錢。國庫裡面的錢已經不多，與其鋪張浪費辦一場葬禮，不如發給窮人。第二，是安倍存在爭議性。有一部分人認為安倍的政策加深了和中國的對立，破壞了國際上和平的環境；也有人認為他的政策擴大了國內的貧富差距。第三，是辦國葬與否沒有明確的標準。別的前首相都沒有國葬，為什麼只有安倍有？不公平。

反對安倍國葬的這些人，大部分是左翼自由派人士，在日本大概只占百分之十五到二十左右，但因為有一些左派大媒體支持，所以聲量很大。他們因為不喜歡安倍的保守思想，所以一直為反對而反對。在他們眼裡看來，安倍當了八年多首相，做的所有事情都是錯的。他們從來沒有停止過批評。

安倍有一次對產經新聞的政治部記者說，這些人在日本是少數，只會挑毛病，永遠成不了事，但他們的存在，「對我來說很重要」。原因是：

第一，他們天天罵我，可以凝聚我的支持者；第二，我要做一些妥協的時候，可以拿他們當藉口；第三，有他們在，日本政治就不會走上民粹主義的道路。

「我對他們是心存感激的。」安倍說。

這位記者採訪安倍二十多年了。他說，安倍之所以能夠維持長期政權，是因為他從來沒有想過要消滅政敵，甚至還對他的敵人心存感激，這正是他的強大之處。

正如安倍所說，這些反對派永遠成不了事。安倍的國葬一定會按期舉行，而且一定會非常隆重、風光。

最近在日本的網上，有一些安倍的支持者，希望能把安倍的頭像印在鈔票上。按現在的政治氛圍，短期內很難做到，但是，也許幾十年後，有可能實現。我們期待看到這一天。

40 會換位思考的可敬對手

十月二十五日（二〇二二年），日本最大在野黨立憲民主黨籍的野田佳彥前首相，在日本國會發表了追悼演說，悼念今年七月，在奈良市遭槍擊身亡的前首相安倍晉三。言語中，他對當年政敵的人品和風骨表達了讚賞，並呼籲日本朝野團結起來，譴責暴力、捍衛民主。這場演講令很多人覺得意外和感動。

因為，二〇一二年，野田正是敗在安倍的手下而失去政權的。野田說：「安倍生前是一位善於戰鬥的政治家，是一個可怕的敵人。」但他也看到了安倍卸去鎧甲、不在國會「作戰」的時候，是一個很能換位思考、善解人意的人。

野田披露了一段他和安倍之間的往事。二〇一二年底安倍重新奪回政權，在皇居準備進行新舊首相交接儀式之前，有一段時間只有他們兩人同在一個休息室內等候。本來那會是一個氣氛比較尷尬的場合，沒想到，安倍主動走近，鼓勵野田說：「野田先生，我用了五年重回這個位子，你也會有這樣一天的。」

安倍曾在二〇〇六至二〇〇七年間，短暫擔任過一年首相，就以身體健康因素請辭了。但他沒有放棄，經過五年的努力，克服了疾病，並率領自民黨贏得了選舉，再次當上首相。

野田說，安倍愛用「再挑戰」一詞，鼓勵年輕人失敗之後再次挑戰。而安倍本人親身踐行了「再挑戰」，這正是安倍作為政治家的真本事。

野田還回顧了二〇一七年一月，他曾應安倍之邀，兩人在首相公邸祕密會談了一個多小時，就天皇退位一事達成共識。

「不能使皇室問題成為政治鬥爭的材料。」野田說，那次會談讓他感到，作為和安倍一樣曾經肩負國家命運的人，能和安倍一起推心置腹共商國事，是非常理想的。「雙方可以跨越分歧，總有辦法找到共識。」

野田同時還懷念當年在國會上，「和安倍之間有過火花四濺的激烈交鋒」，感嘆這位可敬的對手，今後已經不會再現身在這個議場上了。

野田譴責槍擊案，呼籲所有的國會議員不要因此而恐懼，要繼續保有站在街頭的勇氣，「用自由的言論，來守護我們的民主」。他強調：「政治人物手中的麥克風，不僅僅是傳遞訊息的道具，而是保護民眾生活和生命的武器。」

野田佳彥是我在松下政經塾的前輩，他是第一期，我是第十八期。他在一九九六年競選眾議院議員時，我還當過他的助選員。他是一位愛憎分明、充滿正義感的政治人物。聽了他昨天的追悼演講，我很感動。

執政黨和在野黨的黨主席，能夠這樣互相尊重、惺惺相惜，或許就是一種民主制度成熟的表現。

・・・

這篇文章寫完，有很多讀者留言非常精采。我摘錄部分和大家分享，期待台灣也可以有類似的成熟民主制度。

其中有讀者李×翰說：「因為日本沒有國家認同問題，很容易在日本的旗幟下達成團結；而台灣的在野黨多的是綏靖、甚至投降主義者，甘願對中國屈膝而扭曲國家認同，甚至為了政黨競爭而在國家認同上差別化，完全沒有最基本的品格。」也有讀者 William Chxu 說：「矢板先生對野田前首相的介紹，令我感佩日本民主發展的成熟，可為台灣的借鏡。『不能使皇室問題成為政治鬥爭的材料』、『雙方可以跨越分歧，總有辦法找到共識』……這些表達確實是政治家的高度，也是人民的『幸福』。台灣可以向日本學習的地方，真的是很多，期待台日友誼更加深厚。」

針對野田的悼念演說，有讀者何×貴說：「由不同政黨人士逑說安倍先生生平，讓人更加敬佩安倍是一個『溫暖又堅定』的政治家。台灣執政黨和在野黨的黨主席，能夠這樣互相尊重、惺惺相惜的，只有李登輝跟黃信介二人。」以及讀者葉×成感嘆：「兩位現代君子的故事，讓人想到《論語》上的一句話，『君子無所爭，必也射乎！揖讓而升，下而飲，其爭也君子』。雖然分屬不同陣營，但是卻一同為國家的未來而努力，令人敬佩！」讀者 Albert Chxo 則說：「以往前任首相過世，最大在野黨主席都會出來發言。在在野黨這次反對國葬的狀態下，野田是唯一一個參加葬禮，而且還收到自民黨與安倍家屬邀請發表演說的前首相。不管是身為對手或是政治人物，野田都是公認的可敬對手。」

最後，讀者 Ag Sxto 也特別提及野田演說中令人感動的一句話：「安倍先生，一直都是你贏，怎麼忍心說走就走，不等我來扳回一城？」（勝ちっ放しはないでしょう、安倍さん。）

非常感謝這些讀者的留言分享。

41 李安妮：父親口中說最多的名字是安倍晉三

九月二十八日（二〇二二年）的《產經新聞》刊登了李登輝前總統的女兒、李登輝基金會會長李安妮女士的專訪。在訪談中，李安妮回顧了安倍前首相和父親李登輝的交流。她說：「兩人有的時候像好朋友，有的時候像老師和學生，也有的時候像父子。正因為日本和台灣同時出現了兩位互相尊重、互相信賴的政治領袖，才造就了今天台日之間的友誼。」

李安妮回憶說，第一次從父親口中聽到「安倍晉三」這個名字，應該是二〇〇一年左右，當時李登輝剛剛卸任總統，打算去日本治病。但日本政府內，因為怕得罪中國，有很多人反對發簽證給李登輝。

但是，時任官房副長官的安倍晉三力排眾議，不惜得罪當時的外務大臣河野洋平與官房長官福田康夫，堅決主張發簽證給李登輝。最後，森喜朗首相聽取了安倍的意見，李登輝得以成行。安倍晉三這個名字，也給李登輝留下了深刻的印象。

李登輝比安倍年長三十一歲，安倍經常像學生一樣，請教李登輝一些問題。李登輝則把他當作自己的子侄一樣看待，不僅在台日關係提出自己的參考意見，也擔心安倍的健康、家庭，以及在政治上的前途。李安妮說：「和父親關係密切的日本政治人物有很多，但從父親口中聽說最多的名字是安倍晉三。」

兩人直接見面的機會並不多，他們通過電話、書信，或者借助一些中間人經常交流意見。譬如說，太陽能發電、癌症治療，以及在日本流行的、為自己臨終做準備的「終活」，都是他們共同探討的話題。

安倍第一次辭去首相之後，來台灣拜訪過李登輝。當時，李登輝鼓勵他再次挑戰首相的位子，並在對中國政策上給了安倍許多建議。

讓李安妮印象深刻的是二〇一五年七月，李登輝被邀請到日本的國會演講，安倍在檯面下出了很多力。演講結束後，還專程到李登輝下塌的旅館表示感謝。

當時，安倍是日本的首相，按照外交慣例，應該是外國的客人去拜訪首相的，但安倍完全不在乎這些小節。這件事情既可以說明安倍的謙虛，也可以說明兩人密切的關係。

安倍去世後，李安妮到台北的日台交流協會弔唁，發現排隊的人群中有很多年輕人，感到很欣慰。為台日做了許多事情的安倍後續有人，「這些喜歡日本的台灣年輕人，是安倍留下的寶藏」。「父親和安倍都不在了，我們要繼承他們的遺志，把台日關係繼續發展下去」。

昨天，李安妮受邀出席了安倍前首相的國葬，並將母親曾文惠寫的信，交給了安倍夫人昭惠女士。

42 「安倍回憶錄」中的李登輝

幾個星期前（二〇二三年二月），日本的中央公論社出版了一本新書《安倍晉三回顧錄》。收錄了安倍前首相生前，接受《讀賣新聞》特別編集委員橋本五郎等人訪談的內容。

訪談是從安倍卸任首相的一個月後，開始進行的。歷時一年，共十八次、整整三十六個小時，完整地記錄了安倍首相在任期間的各種祕辛，以及安倍的執政理念、國際戰略。我在網上買了一本電子版，已經看完。果然是一本好書。

其他政治人物的自傳，往往是卸任多年以後才開始撰寫的。不僅很多細節已經記不清楚，出版時書中登場的當事人很多也已不在人世，沒有辦法確認內容的真實性。

也因此，自傳中的一些內容經常會過於強調主人公在歷史重大時刻所發揮的作用，和實情會有一些出入。

但是安倍不一樣。這本書在寫作時，安倍本人還是日本政壇中最重要的人物之一。此外，回憶錄提到的大部分當事人都還健在，所以讀起來更讓人覺得真實、生動。

這本書中提到了安倍前首相對川普、習近平、普丁等人的印象和一些交流的細節，還特別提到他與台灣前總統李登輝的互動。他說，一九九四年他以自民黨青年局次長身分訪台、首次拜會時任總統的李登輝，一見面就被震撼到了。李登輝的學養、談吐，和守護台灣兩千三百萬人民的決心，讓他深受感動。

安倍還提到，一九九六年他以青年局長身分再度訪台。當他向李登輝提到（因為自己是親台派）幾年來一直沒有去訪問過中國時，沒想到李登輝卻跟他說：「你應該去。要告訴中方，台灣民主化正在穩步前進。」安倍說，後來他真的去了中國，也轉達了李登輝的這番話。當然，現場氣氛十分尷尬。

從這一件事情可以看出，安倍受李登輝的影響非常大。從安倍後來的執政方針，可以看出他對自由民主的堅持，以及保護一億兩千萬日本人基本權益的決心。

安倍是戰略家，李登輝是思想家。李登輝當然也不是沒有戰略，只是比較之下，台灣是小國，小國很難有戰略。

大國外交是決定遊戲規則，讓遊戲規則將來對自己的國家最有利。今天中美對決的大藍圖，其實是安倍二〇一〇年規劃出來的印太構想，他對印太戰略的實施起了一個非常決定性的作用。

小國外交則是在大國決定的遊戲規則之間遊走，從而確保自己國家的利益。對於李登輝來說，他不必構建一個大戰略，他只要在大國戰略下做到讓台灣的利益最大化。

43 台灣社會像懷念自己家人一樣沉痛悼念

《產經新聞》今天（二〇二二年七月十五日）有兩個整版的篇幅，刊登了一百七十五家台灣企業、團體及個人聯名，追悼日本前首相安倍晉三的廣告。該廣告的圖片在日本的網路上被廣泛傳閱，引起了很大的迴響。

第一張是安倍前首相親切笑容的遺照，下方文字寫著「追悼」和「感謝」四個大字，向「日本邁向偉大國家，最勇敢的領導者」致敬，並感念他提出「台灣有事就是日本有事」，是台灣真正的朋友，願他安息。

該廣告由聯邦、瓏山林及自由時報三家企業贊助，署名「台灣人有志一同」，代表了全體懷念安倍前首相的台灣人。

第二張是由「台灣安倍晉三之友會」主導，募集到的一百七十二家企業、團體和個人贊助者的名單，上方有一團光圍繞著的台灣地圖，寫著：「謹致哀悼之意。我們決不會忘記安倍前首相為世界自由和民主做出的偉大貢獻，將延續其遺志，持續推動台日親善。」

據瞭解，台灣安倍晉三之友會原定募集六十五家企業參與，沒想到短短一天就有一百七十家以上的企業、團體和個人報名。其中包括了前總統陳水扁、前行政院院長林全、前司法院副院長城仲模，以及台北一〇一、台新金控等知名企業；還有更多的，是喜歡安倍的一般民眾，從中可以看到台灣民眾對安倍前首相的深厚感情。

台灣安倍晉三之友會表示，這次廣告的剩餘款項，將主要用於「安倍晉三之友會獎學金」這一公益項目，規劃每年提供十個名額，每人上限一百萬日圓獎學金，來台後可以到大學就讀，也可以到台灣企業實習，以體驗台灣在地文化，瞭解台灣社會。該會將著力培養下一代的「知台派」、「親台派」，希望在今後來台的日本留學生中，能夠走出像安倍晉三一樣的偉大政治家。

特別重要的是，台灣的賴清德副總統為出席安倍晉三前首相的葬禮，七月十一日突然訪問日本，在謝長廷大使的陪同下到安倍家慰問。

台日沒有正式外交關係，台灣的總統、副總統、行政院長、外交部長，按慣例是不能訪問日本的。聽說，賴副總統本來是打算到台北市慶城街的日本台灣交流協會，弔唁安倍前首相的。但突然出現在東京的街頭，說明日本政府是突然決定發訪日簽證給賴副總統的。

這是一九七二年台日斷交五年年以來，最重大的外交突破，勢必引來中國的激烈抗議。

可能是因為，岸田文雄首相領導的自民黨在昨天的參議員議員選舉中獲得大勝，政權已高枕無憂。所以一咬牙一跺腳就發了簽證給賴副總統，反正現在也不怕得罪中國了。這也說明，岸田首相不但繼承了安倍前首相的挺台政策，而且更往前邁了一大步。

安倍前首相遇刺以後，台灣社會像懷念自己的家人一樣沉痛悼念，加深了日本國民對台灣的親近感。在強大的民意壓力下，日本政府不得不順水推舟。

感謝岸田首相的英明決斷。能夠接受來自台灣的好朋友，賴副總統的親自弔唁，在天堂的安倍前首相也一定會感到欣慰。

有日本網友表示，真的沒想到在台灣有這麼多人喜歡安倍前首相。看到今天的廣告，再次認識到了安倍前首相的魅力和巨大的影響力。

44 花正在開：日本盲人歌手來台灣義演

今天（二〇二二年八月十四日）想給大家介紹一位日本的盲人歌手，大山桂司先生。他為了參加八月二十日在台北舉行的安倍晉三前首相追思音樂會，四天前來到了台灣。在台北市內的防疫旅館裡隔離三天後，今天剛剛進入自主健康管理期間。

本來，大山先生有一位朋友要陪同他一起來台，但出發前一天，朋友的公司突然有好幾位員工同時確診，朋友要處理業務，臨時來不了。於是，大山先生一個人背著吉他，登上了飛機。這是他第一次來台灣。

八月十日下午，當我在桃園機場，看到大山先生扶著機場工作人員的肩膀，緩步走進候機大廳時，心中有一種莫名的感動。

大山先生完全不會講中文，在台灣不認識任何一個人，只和我通過幾次電話。但當他聽說台灣將要為安倍前首相舉辦追思音樂會這個消息後，當即表示要來義演。

追思音樂會是由「台灣傳統基金會」、「八田與一文化藝術基金會」、「台灣好德文化公益協會」等多家民間團體和企業共同發起的。主旨是「希望能用音樂，來陪伴在天堂的安倍前首相，讓他不會感到寂寞；讓他知道，他會永遠活在台灣人的心裡；願已化作千風的安倍晉三先生，聽到大家的心聲，繼續守護日本和台灣」。

音樂會上，將有多名台灣歌手獻唱〈千之風〉、〈涙光閃閃〉等日本名曲。還有在台北的日本幼稚園小朋友合唱〈天黑黑〉等台灣童謠。

大山先生一直是安倍前首相的支持者，幾年前，曾經創作過〈安倍總理應援歌〉，在日本有一定的影響。大山先生告訴我，日本的很多盲胞都很感謝安倍前首相。

二〇二〇年新冠肺炎的疫情爆發以後，時任日本首相的安倍晉三決定向日本的五千多萬個家庭，每個家庭發放兩個紗布製的布口罩，以圖解決口罩短缺問題。但該政策被媒體大肆抨擊說對防疫毫無幫助，被戲稱為「安倍的口罩」。

但是，大山先生說，他的很多視障朋友，當時都因為疫情失去了工作。正因為有了來自政府的口罩訂單，才得以度過難關。當他們聽到安倍首相飽受批評時，心中非常難過。

大山先生在防疫旅館裡面一個人住了三天。每天自己吃飯洗澡、練習唱歌。如果遇到困難，就用手機向日本的家人求助。比如說前兩天洗澡，不小心弄得浴缸外到處都是水，他就打開視訊一邊請家人幫忙看，一邊拿著毛巾，按照家人的指示，一點一點把地板擦乾。

今年三十歲的大山先生，出生於日本九州熊本縣的熊本市，患有先天性視力障礙。小學三年級的時候，他在老師和母親的鼓勵下，開始學習打鼓和彈吉他，從此進入音樂的世界。喜歡運動的他，也是柔道高手；大學三年級時，曾獲得在美國舉辦的「IBSA青年柔道世界大賽」的金牌。

這一次，大山先生將在音樂會上，演唱兩首歌曲，其中一首就是〈安倍總理應援歌〉，歌詞情真意摯，非常感人。他還會表演安倍前首相生前最喜歡的〈花正在開〉（花は咲く）等曲目。如果讀者朋友對這兩首歌感興趣，也可上網搜尋、欣賞。

45 希望懷念他的歌聲，讓安倍不再感到寂寞

昨天（二〇二二年八月二十一日）晚上在安倍首相的追思音樂會上，我有幸上台致詞，向全場的觀眾表達了感謝。以下是大致內容，分享給大家：

今天非常感謝，也非常感動，這麼多的台灣朋友，用音樂會的方式，來追悼安倍晉三首相。短短不到一個月的準備時間，我知道有很多日本的朋友和台灣的朋友，為此付出了巨大的努力。我也知道，大家之所以這麼努力，其實，是為了通過這場音樂會，把力量凝聚在一起，來繼承安倍首相的遺志，把台日關係繼續推動下去。

做為一個曾經接觸過安倍首相的日本記者，在這裡我想分享一個安倍首相和台灣的小故事。那是二〇一四年十一月，當時我在北京做記者，那一年在中國舉辦了一場

非常盛大的亞太經濟會議，也就是APEC峰會。

那場會議，有美國的歐巴馬總統、俄羅斯的普丁總統、韓國的朴槿惠總統，還有日本的安倍首相出席。當時產經新聞派出的、隨同安倍首相一起到北京採訪的，是我的一個記者前輩，叫阿比留瑠比。他是一個很有名的記者，同時跟安倍首相的私交也非常好。

我記得開幕式那一天，我和阿比留記者寫了很多很多的稿子，大概填滿了兩個版面。大概晚上七點多，我們發完所有的稿子，一起去吃飯，到了餐廳剛剛坐下，阿比留記者的電話響了。

是安倍首相打來的。他很客氣，說想拜託一件事情：今天，他和來自台灣的代表蕭萬長先生舉行了會談，而他希望產經新聞能夠寫一篇報導。他說，這麼盛大的國際盛會上，台灣不應該缺席，應該讓日本的讀者知道，台灣的代表也有來參加。

當時，阿比留記者馬上打開電腦開始寫文章，我在旁邊則趕緊給東京本社打電話，要求空出版面。後來我們算了一下時間，當時安倍首相正在出席中方舉行的歡迎晚宴。他知道產經新聞是最支持台灣的，所以他在宴會百忙之中，找時間給阿比留記者打了一通電話。

安倍首相長期捍衛自由和民主的價值觀，所以他一直支持台灣。他常說：「不能讓台灣感到寂寞、感到孤單。」

安倍首相遇刺之後，長期擔任安倍首相副手（官房長官）的菅義偉首相，在第一時間就趕到了奈良的醫院。後來他對媒體說：「安倍是一個非常怕寂寞的人，所以我要第一時間趕過去陪他。」

也許，正因為安倍首相是一個非常怕寂寞的人，所以，他深深知道，被國際社會孤立的台灣，以及台灣人的心情。不能讓台灣覺得寂寞、孤單。

安倍首相的去世，對日本、對台灣，都是一個非常大的損失。對台日的關係，其實是更大的損失。他留下了一個巨大的空白，需要我們大家一起合力把它填補上。

也希望今天的音樂會，能夠傳到天堂，讓安倍首相聽到大家懷念他的歌聲，讓他不再感到寂寞。也希望安倍首相化作千縷微風，繼續守護日本和台灣。

日本前首相安倍晉三的追思音樂會，很遺憾沒有辦法直播。日本國內對這場音樂會也非常重視，有三位重要的政治人物用錄影的方式，向台灣的觀眾表示感謝。

一位是安倍前首相的弟弟、首相補佐官岸信夫，一位是經濟安保大臣高市早苗，還有一位是自民黨參議院副會長有村治子。他們三位都表示，要繼承安倍首相的遺志，繼續支持台灣，並推動台日關係。

其實，在日本政治人物中，喜歡台灣的人有很多，讓什麼人在音樂會登場，主辦方下了一番功夫。首先，一定要是安倍首相非常親近的人，而且要長期支持台灣，還要是中生代、今後有可能在日本政界發揮重要影響力的後起之秀。

岸信夫先生八月十日剛剛卸任防衛大臣，高市早苗是新任的經濟安保大臣，有村治子在安倍內閣做過兩任國務大臣。正值岸田內閣換屆之時，這三個人在百忙之中，抽時間專程為台灣的觀眾錄影片。

在此與大家共勉，讓我們今後一起為台日關係發展努力。

46 這座安倍銅像是台日友好的象徵

高雄紅毛港的保安堂，今天（二〇二三年九月二十四日）舉行了日本前首相安倍晉三紀念銅像的揭幕式。保安堂在安倍前首相遇刺後，立即設置了追思會場，並緊鑼密鼓地準備鑄造安倍前首相的等身大銅像。保安堂的主任委員張吉雄說，他們想提供一個供台灣人追思安倍前首相的地方。

他們一邊募款一邊開工，爭取在兩個月後完工，趕上在安倍前首相國葬的當天（日媒報導九月二十七日前後）舉行揭幕儀式，並在保安堂前舉辦一場追思活動。如今，保安堂提前實現了自己的願望。

台日交流團體相關人士、當地的議員等，大約有三百人到場。由監察院院長陳菊、立委許智傑等人共同揭幕時，大家一起高喊「台日友好！」、「台灣加油！」場面相當感人。

據說這座銅像，是二戰後台灣為日本人公開設立的第一座銅像，底座上刻有「台灣永遠的朋友」。

銅像旁邊，有安倍前首相親自書寫的「台灣加油」奇石。很多日本和台灣媒體都報導了今天的儀式，《產經新聞》上也刊登了有關銅像的報導。

紅毛港保安堂，是供奉二戰末期被美軍炸沉的日艦陣亡官兵的一所宗教設施，一直和日本民間多有交流。安倍首相生前也曾表示有機會來台時，想親訪保安堂，可惜這個願望沒有辦法實現了。

．．．

相信等國境完全解封以後，會有很多日本的觀光客來到保安堂，給安倍前首相的銅像獻花，同時也感恩台灣人對日本如此深厚的情誼。希望這座銅像能夠成為台日友好的象徵。

據台灣民意基金會調查，當聽到日本安倍晉三前首相遇刺身亡時，有超過七成的台灣人感到難過。這種跨越國界的支持，反映了安倍前首相個人的魅力，以及台日緊密又特殊的關係。

47 安倍國葬上的台灣人身影

今天（二〇二二年九月二十七日）早上九點多，我從東京地鐵東西線的「九段下」車站出來，緩步走向半藏門方向的九段阪公園。抬眼望去，眼前都是黑壓壓的人群。身著素裝的男女老少，神情嚴肅，幾乎每個人都手捧著一束鮮花。這些人是從日本全國各地，趕來送安倍晉三前首相最後一程的一般民眾。

在日本武道館舉行的安倍前首相國葬，因防疫限制，日本政府只邀請了四千三百人出席。但為了讓一般民眾也能表達哀思，政府特意在會場不遠處的九段阪公園等地，設置了幾處獻花台。我走訪了附近的幾家花店，每一家花店前面都排著長長的隊伍，聽說至少都要等一個小時以上，才能買到鮮花。

一位來自神奈川的中年女性說：「因為安倍首相的經濟政策，日本恢復了景氣，自己的女兒才找到了一份好的工作，今天特意來說一聲謝謝。」另一位來自埼玉縣的大學生則說：「不懼霸權、追求民主自由的安倍首相，使日本人在國際社會上重新獲得了尊嚴。安倍先生是日本歷史上最偉大的外交家。」

排隊獻花人群中也有台灣人的身影。僑居日本五十年的嘉義人劉俊茂先生，和朋友約好一早來到這裡，兩個半小時以後才等到了獻花的機會。他在心裡默默感謝安倍前首相為台灣做的一切，並為前首相的靈魂祈禱。

雖然今天在東京永田町的國會前，也有在野黨主導的反對國葬的遊行集會。但是，今天前來追悼安倍前首相的人潮，要遠遠多過反對國葬的人群。

在一個民主社會，任何一個政治領袖都不可能得到所有人的滿意。在日本政府主導的國葬當天，反對派可以把自己的意見大聲說出來，這或許正是安倍前首相所追求的「民主自由的多元社會」的一種體現。

在今天的國葬上，作為友人代表的菅義偉前首相，披露了一段鮮為人知的故事。

二〇〇六年，安倍前首相因健康問題而辭去首相之後，一直猶豫要不要再次挑戰首相的位置。最後，菅義偉和安倍在銀座的烤雞串店裡長談；菅義偉使出渾身解數，全力說服，終於在三個小時之後，讓安倍點了頭，從此開啟了長達近八年的「安倍時代」。

菅義偉回顧說，和安倍共事的時光「非常幸福」。他表示，在烤雞串店裡成功說服安倍再次出馬一事，是他「此生最大的成就」，他將永遠引以為榮。

輯四

社會文化介於中日之間的台灣，好像越來越日本化了

48 性騷擾的定義又變得更廣泛了嗎？

在臉書上介紹了今年（二〇二二年）七月日本參議院選舉東京選區的幾位候選人後，不少台灣朋友都跟我說，想多聽聽日本政壇的故事。今天（六月十八日）就來談一下東京選區的另一位女性候選人。

今年四十八歲的海老澤由紀，是新崛起的政黨「維新之會」提名的前職業滑雪選手。看現在的民調，她在十五個候選人中處於第六、第七名左右。由於只有六個當選席位，最後這一個月的衝刺，對她來說非常關鍵。

六月十二日，海老澤和同黨的不分區候選人，前東京都知事豬瀨直樹，在JR吉祥寺車站前舉行造勢活動時，豬瀨一邊演說，一邊竟然不時亂摸海老澤的後背、肩膀、前胸。這些畫面被放到網上，引發網友們的激烈反彈，大罵豬瀨是「豬哥」、「癡漢」。

豬瀨今年已經七十五歲了，從政前是位知名作家。至今為止，他已經為同黨的多位候選人站台，這一次去吉祥寺助選應該也是海老澤請他去的。

由於事後網路上的批評聲浪過大，豬瀨連忙在推特上道歉，表示自己在介紹同黨戰友時，有輕率的肢體接觸，對此感到抱歉。「維新之會」的相關人士也跑出來說，這只是反映了長輩對後輩的提攜之情，並非性騷擾。海老澤本人也趕緊澄清說「根本沒有肢體接觸過多的感覺，也沒有碰到我的胸部。這件事為什麼成為新聞，自己也感到吃

FEEDBACK

Frances Hxxston

我覺得真的要看本人的感受。從畫面上來看，海老澤在當下似乎沒有意識到，不然她也會因本能而退縮。旁觀者會覺得嚴重，是因為透過影片看到，而且影片只是特定片段、又能重複播放，看起來就更像性騷擾（說不定原本沒有被侵犯的海老澤看了影片之後，也覺得自己被侵犯了）。

Phil Kxo

如果單看手，我會覺得有性騷擾的嫌疑，但是從眼睛看的方向和手的動作來看，不像是有性騷擾的意圖，但是這在政壇上一定會被做文章。政治人物應該活得更小心一點！

驚」。

但網友們並不買單。很多人說「豬瀨的動作不雅，畫面讓大家看起來很不舒服，明明就是性騷擾」。這件事情已經開始影響到了「維新之會」的支持率。「維新之會」還被網友稱作「性騷擾之會」。海老澤的選情看來有些不妙。

二十多年前我剛當記者的時候，寫過一些有關性騷擾的報導。當時的常識是，必須有性騷擾的事實才可以被認定。但近幾年，性騷擾的概念變廣泛了，只要是

FEEDBACK

李×祺
如果我是日本選民，我也會抵制「維新之會」。看起來，這個團體中的成員無論男女，性別意識都還活在上一個世代。很擔心支持他們，只會讓性別議題走回頭路。

王×春
不管女方是不敢說，還是真的不覺得有什麼，手就是不可以隨便往人身上摸，就算對方是同性也不可以。如果連公眾人物在大眾面前都這樣，那要怎麼告訴這個社會，隨便摸人家是錯誤的行為？

Tu Xu
這件事讓人想到台灣舉重冠軍郭婞純。她當時東奧摘金，教練激動地熊抱她，結果教練被出征，說他性騷擾。但當事人其實感情好到都沒有那樣想。沒辦法，民眾也是好心吧！

被騷擾方有感到不舒服，就算性騷擾。哪怕是誇獎女生的「裙子很漂亮」，或者詢問女生「是否單身」，都有被認為是性騷擾的可能。

但是這個事件，當事人雙方都不承認有性騷擾的事實，女方也表明沒有感到不舒服，卻還是被很多圍觀者認定為性騷擾。難道，性騷擾的範圍又變得更廣泛了嗎？

也有人認為海老澤因為怕落選，所以不敢站出來，應該受到批評。於是，也有人出來問，難道 #MeToo 運動以後，女生就沒有不站出來的自由了嗎？

這件事讓我想了很多，也想聽聽大家的看法。

49

糖尿病、尼特族、暴走族，改名可以避免歧視問題嗎？

這幾天（二〇二二年十一月），日本有一條引起廣泛關注的新聞：日本糖尿病協會準備給「糖尿病」改名了。因為糖尿病這個病名，會引起很多負面的聯想。該協會通過一年的調查，瞭解到有百分之九十的糖尿病患者不喜歡這個病名，其中有百分之八十希望能換一個名字。

根據調查，日本社會存在著一些對糖尿病患者的歧視。有一部分患者，在加入生命保險（壽險）或向銀行借房貸時受到影響。還有一些患者在找工作時，遭受到了不公正的待遇。患者們認為，「糖尿病」三個字直觀的意思就是尿裡面有糖分，給人帶來不清潔、生活奢侈，以及懶惰不愛運動等印象。

糖尿病是一種非常古老的疾病。在日本的史書上，最早被確認的患者是十世紀的政治人物，曾擔任過攝政和太政大臣的藤原道長。患者患病之後，因為會口渴而頻繁喝水，所以這個病當時被稱為「多飲症」。

「糖尿病」這個病名應該是近代來自拉丁文的翻譯。不僅在日文，在中文世界也被廣泛使用。日本糖尿病協會雖然已經決定改名，但具體改為什麼名字，目前還沒有定論。現在好像有高血脂症、內分泌失調症、慢性代謝異常症等幾個候補名。一旦糖尿病協會做出決定，所有政府機關和媒體將會跟進。糖尿病這個名字就會走入歷史。

也有一些醫生學者提出反對意見。他們認為，歧視糖尿病患者，是日本社會的問題，政府應該想辦法對應，改名並不能解決問題。

再者，糖尿病這個病名已經廣泛被社會接受，相關的治療方法、應急措施、生活注意事項都非常完整。一旦改名，在書籍和網路上會出現資訊重疊，可能引起不必要的混亂。

在日本，這種大規模的改名問題，這些年有過幾個有名的例子。上個世紀八〇年代到九〇年代，有一些年輕人駕駛非法改裝的重型機車或汽車，在道路上高速行駛並刻意發出巨大的噪音。日本社會管這些人叫「暴走族」。

因為暴走族這個名字聽起來很酷，似乎有點變相鼓勵的意味，所以二〇〇〇年以後，日本的員警和媒體決定把他們稱為「珍走團」。「珍走團」在日語的語境裡有「傻傻的怪人集團」的意思，據說在改名之後，參加「珍走團」的人明顯減少。

還有就是「尼特族」（ニート）這個詞。全稱來自英文的（Not in Education, Employment or Training，縮寫為NEET），也就是「啃老族」，是指不就學、不就業、不進修或不參加就業輔導的年輕人。後來有一些年輕人覺得這種說法是歧視，向媒體提出抗議。於是，現在改成了「雷不魯」（レイブル，英文寫作late bloomer），也就是開花開得比較晚的花蕾，隱含

FEEDBACK

Hsu Tsxng

以精神疾病中的schizophrenia來說，日本從一九九五開始，花了七年推動，於二〇〇二年成功將「精神分裂症」更名為「統合失調症」，韓國也於二〇一二年更名為「調弦症」。二〇一四年，台灣在精神醫學界及康復之友聯盟相關團體的合作下，經過調查與投票統計，最終讓「思覺失調症」取代「精神分裂症」成為正式名稱。這也是台灣第一個以票選的方式，讓病人和家屬參與更名的疾病。

吳×文

我也覺得用「雷不魯」代替「啃老族」似乎過分美化了「啃老族」帶來的家庭社會問題。

Cher Txxi

有點像把早期老年癡呆症改名為失智症。即使改名，正確的醫療觀念如何傳達到社會更為重要。不曉得日本有沒有相關團體會舉辦遊行或地方講座來推展類似議題？

大器晚成的意思。關於這個改名，我個人覺得似乎不是十分精確。

不知道大家對糖尿病改名的問題，有什麼看法？

50／塗成烏克蘭國旗顏色的「達摩」，／在日本非常暢銷

在日本，有一種類似不倒翁玩具的吉祥物叫「達摩」，造型來自禪宗的始祖達摩祖師。

據說，達摩有一個很大的功能，是可以幫助人達成心願，買來的時候沒有眼睛。許願時，要先在達摩的「左眼」畫上黑色的眼珠子，等到願望實現之後再將「右眼」的眼珠子畫上，慶祝心願達成。

達摩在日本的各種選舉時經常見到。候選人在選舉開始時，和支持者們一起畫上達摩的左眼，等到確定當選之後再畫上右眼，感謝神靈的保佑。考生也常常用達摩來幫自己的考運加持。記得我考大學那一年，房間裡醒目的位置就放了一個小達摩，每

當看到達摩還有一個眼睛還沒有被塗黑，就好像被提醒不能貪玩，要繼續努力學習。

日本的大小公司，每年元旦後的第一次上班，一般也都會請一個達摩，由社長畫一個眼睛，許願今年能夠生意興隆。

達摩通常是紅色的，但最近（二〇二二年五月），被塗成烏克蘭國旗顏色的達摩，在日本非常暢銷，是由群馬縣高崎市上大島町的達摩廠商「幸喜」開發的新商品。每個達摩高十二公分，售價一千六百五十日圓（約四百元台幣），上面寫著漢字「祈」或英文「PRAY for UKRAINE」，是為祈願烏克蘭戰爭早日結束的專用達摩。

「幸喜」宣布，販賣這種達摩的所有收益都會捐給烏克蘭政府，用於戰後重建家園用。我本打算在網上買一個，但因為過於暢銷、生產跟不上，現在只能到高崎市的廠家直接購買才可以。聽說有很多人為了買這種達摩，專程開車幾個小時到高崎。

很多宗教都會告訴我們，禱告的力量是超乎想像的，而眾多人一起禱願，就會變成神的意志。不僅僅在日本，我想全世界各個角落，有很多人都在祈願烏克蘭能夠打敗侵略者，恢復平靜的生活。

希望這種祈願烏克蘭和平的達摩，都能夠早日被塗上第二隻眼睛。

51 「不服老」的三浦，已經成為日本足球界的傳說

說到足球，我一定要介紹日本著名球星三浦知良，今年（二〇二三年）二月二十六日即將要過五十六歲生日的他，今天宣布正式和葡萄牙甲級足球聯賽的奧利維倫斯體育會簽約。下個賽季，他將遠赴歐洲、繼續他的職業生涯。

雖然三浦很可能是替補隊員，出場機會應該不是很多，但日本的網路上仍然出現了很多「令人尊敬」、「佩服」等加油聲。「不服老」的三浦，已經成為日本足球界的傳說。

十八歲就成為職業足球選手的三浦，已經踢了三十八年足球了。早年和他一起踢球的隊友們，引退後娶妻生子，其中有好幾個的第二代，都已經成為了職業選手。但

三浦仍然不願意脫掉球衣，還堅持在賽場上拚搏。

三浦最輝煌的時候是九〇年代初。作為日本國家隊的絕對主力，他曾經帶領日本隊贏得過亞洲盃，個人也獲選過亞洲足球先生，一共為日本國家隊攻進五十五球，是排名在釜本邦茂之後，日本國家隊史上的第二高得分選手。

十五歲時，隻身一人到巴西的俱樂部學踢足球的三浦，最大的理想是把日本隊帶進世界盃。但是，很遺憾的是，經過多次失敗，日本第一次打進世界盃已是一九九八年，當時三十一歲的三浦，已經過了巔峰狀態，沒有入選日本國家隊。

當全日本的媒體都為他感到遺憾的時候，他在記者會上靜靜地說：「我會爭取在下一屆入選的。」從此，他進入了極其嚴格的自律生活。據日本媒體報導，他每天早上六點鐘起床跑步、不吃甜點、每年禁酒十一個月，只在元旦假期前後喝幾杯蒸餾酒。他自己雇用了按摩師，每天幫他做兩個小時的拉伸運動。他管理自己的體重，是按「克」單位計算。

一九九八年以後，日本國家隊連續七次打進世界盃。雖然三浦從來沒有再次入選過國家隊，但是他的頑強和堅持，贏得了所有日本足球愛好者的尊敬。三浦曾表示，只要有球隊需要他，他就會繼續踢球。

全世界職業足球運動員「最年長的出場紀錄」保持者，是一位埃及的七十四歲選手。所以，看來「不服老」的三浦，還可能有很多年要繼續活躍在足球場上。

52 差一點把日本推入深淵的兩個豬隊友？

今天（二〇二二年十二月二十二日）日本發布了一個比較重要的歷史發現。在岡山縣倉敷市的一棟老屋裡，發現了幕末政治家、第九代水戶藩主，同時也是德川幕府最後一位將軍德川慶喜的父親，德川齊昭寫給親信的十六封書信，商量如何暗殺美國海軍准將佩里率領的美國使節團。佩里他們乘坐的，就是改變日本鎖國歷史的「黑船」。

德川齊昭的信是寫給他的心腹，也是幕末著名學者藤田東湖的。德川在信中提到了好幾個殺人計畫：「可以把他們騙到一座屋敷裡放火燒死」、「先讓他們進江戶城，把他們用酒灌醉後砍下頭顱，再放狼煙通知江邊的武士上船，把剩下的人全部幹掉」。

岡山縣立博物館的橫山定副館長認為，「這封信寫的都是德川的心裡話，對瞭解幕末的政治生態有很大的幫助。是非常重要的歷史發現」。

以當時德川的政治實力，是有可能執行這些計畫的，不知道後來為什麼沒有被執行。但可以想像的是，如果佩里他們以這種形式被日方殺害，勢必引來美方的報復行動，火燒圓明園的悲劇可能就會在日本發生了。濫殺使者的日本無疑將失去和西方列強談判的資格，還有可能變成列強的殖民地。明治維新也有可能不會發生了。

德川齊昭被人尊稱為「烈公」，在日本歷史上被認為是一個非常有政治手腕的政治人物。他主張的「尊王攘夷」思想被歷代日本保守派所推崇，幕末下級武士之間曾流傳「烈公要出手、日本就得救」的說法。藤田東湖也是日本近代史上公認的大學者。

但是今天我們看他們兩人的信件，內容十分幼稚，對國際形勢認識不足、缺少大局觀，也沒有想像力。用現在的話說，絕對是「差一點把日本推入深淵的兩個豬隊友」。

所以，很多歷史上的英雄人物，可能並沒有歷史課本上說得那麼了不起。他們的光輝形象，很可能多半是後人想像、美化之後形成的。

看到現在海峽對岸政權反美、反普世價值的一連串「神操作」，不禁讓人浮想聯翩，不知道「偉大領袖」和戰狼們之間，是不是也有一些類似的文字往來呢？

53／前AV女優的作品入圍芥川獎，令人期待摘得桂冠

被稱為日本文壇最高殊榮的「芥川獎」，前幾天（二〇二三年六月十六日）發表了第一百六十七屆入圍名單，進入最終選考的五名作家全是女性，其中一位三十八歲的入選者鈴木涼美尤為引人注目。

因為她有從事過AV女優的經歷，又當過新聞記者，最近幾年也經常在媒體上發表一些有關性產業、女性、夜生活等題材的評論文章，擁有一定的知名度。

鈴木涼美出身書香門第，父親是法政大學知名教授鈴木晶，母親是翻譯家兼著名的兒童文學作家灰島貴志子（灰島かり）。她小學時期曾隨父母在英國住過兩年，英語很好。慶應大學畢業後，她在東京大學拿到了碩士學位，論文主題是AV女優的

社會學。二〇〇九年進入「日本經濟新聞」當記者，跑了五年的經濟線新聞。

根據她自己的回顧，大學時期出於好奇心到夜店擔任女公關時，她被星探相中，二十歲時即以藝名「佐藤琉璃」簽約下海，先後拍攝了七十多部ＡＶ作品。雖然她在進入日本經濟新聞之前，就已經從ＡＶ界引退了，但是幾年後，她的經歷還是被八卦雜誌挖出，鬧得滿城風雨，也成了她離開報社的原因之一。

鈴木後來發表了很多隨筆作品，回顧了當時的心路歷程，特別是她和母親的互動讓人印象深刻。她母親曾經對她非常不理解，但後來母親病重，經過長時間的溝通，終於在彌留之際原諒了她。

鈴木這一次的芥川獎入圍小說「ギフテッド」（Gifted，中文譯作「天賦」）裡面就有一位夜店的女公關和她病重母親的互動，題材應該是來自她自己的親身經歷。鈴木的作品，文字乾淨、觀察入微，既有故事能引發對人生的思考，同時又能折射出一些社會問題。今年的芥川獎將於七月二十日發表，鈴木能否摘得桂冠，令人期待。（補充：很遺憾，她最後沒有摘冠。）

另外，日本國會前不久通過了「ＡＶ新法」，為保障ＡＶ出演者的權益，包括男優或女優可以在作品公布後一年內無條件解約，將作品下架。這一規定使投資商的風險劇增，聽說很多業者已經考慮轉行了。

該法律本意是想保障一些被騙去拍片，或者拍片之後感到後悔了的女性們的權益，但卻可能導致上萬名女優等從業者失去工作。

已經有不少知名ＡＶ女優公開表示，新法只會令遵守法律的合法業者經營困難、非法業者更加猖狂，說不定會置女優們於更艱難的境地。此事今後的動向也值得關注。

54
日本和台灣是「朋」，也是「友」

今天（二〇二二年十一月八日）看到一篇解釋什麼是「親、戚、朋、友」的文章，覺得很有意思。

原來，有血緣關係的叫「親」；通過婚姻產生關係的叫「戚」；利益相同的叫「朋」；心靈相通的才叫做「友」。比如說姑姑、舅舅、姨媽都有血緣關係，是「親」；姑父、舅媽、姨丈沒有血緣關係，是「戚」。

身分、交際、利益基本上一致的一群人，叫「朋」。我們常常出席一些飯局，看到「交杯換盞，斛光交錯」，大家在談生意、拉關係的場面。這稱為「高朋滿座」，而不說「高友滿座」。

而兩人在一起時，心靈相通、無話不談、相互欣賞，成為知已，叫「友」。因此，有所謂的「知心好友」，而無「知心好朋」一說。

這篇文章讓我產生了一些聯想。「親」和「戚」雖然是同一家人，但最容易發生利益衝突。我們經常看到兄弟之間為爭奪家產而翻臉，婆媳之間出現矛盾無法調和的事情。這種事情是全世界各國共通的，在日本也一樣。我年輕時剛當記者的時候跑過幾年員警線，採訪過十幾起殺人案件，其中大概有一半左右是家人之間的矛盾釀成的悲劇。

對岸和台灣的一部分統派人士，最愛講的一句話就是「兩岸一家親」，說兩岸的華人從血緣上、廣義上可以稱為「一家人」。但同是一家人並不代表沒有矛盾，也不見得非要住在一起。

同時，現在兩岸之間沒有什麼共同的利益，不能稱為「朋」；也絕非互相信任、無話不談的關係，所以也不是「友」。現在的兩岸，或許可以說是親戚關係，但絕對不是朋友。相反，歐洲的立陶宛、捷克等國家，紛紛力挺台灣，主要是因為他們反對霸權，支持民主和自由的價值觀。這些國家和台灣，是因為共同的利益走到一起，所以可以稱之為「朋」。將來，也有機會發展成為「友」。

而日本、美國已經和台灣交往多年，既有共同利益，在很多地方也和台灣「推心置腹、視同莫逆」。現在兩國和台灣的關係，或許可以說是介於「朋」和「友」之間。

當然，因為當前國際社會的複雜形勢，日美還有很多做法有不盡人意的地方，需要大家繼續努力。希望台灣的「友人」越來越多。

55

稻盛和夫的理念是「努力、簡單、利他」

日本著名企業「京瓷」的創辦人稻盛和夫先生，八月二十四日（二〇二二年）在京都的家中去世，享年九十歲。日本失去了一位非凡的企業家、思想家、哲學家。

二戰以後，日本出了兩位被譽為「經營之神」的企業家，一位是昭和的經營之神松下幸之助，另一位就是平成的經營之神稻盛和夫。這兩位巨人年齡相差三十八歲，他們在不同的時期，開創了各自的企業王國，同時又發表了許多經營理論，影響了眾多的企業經營者。他們兩位為日本戰後的經濟發展，做出了不可磨滅的貢獻。

根據稻盛和夫的回憶錄，他創辦「京瓷」時年僅二十七歲，手下只有二十幾名員工，一開始經營得並不十分順利。有一次，他去聽松下幸之助演講，松下提到了著名的「水庫理論」：「經營企業不能隨波逐流，要為景氣惡化時積蓄資金。如同水庫儲水，企業才能安定」。

有一位聽眾問道：「雖然理解水庫式經營的重要，但不知道該怎麼執行？」松下答道：「首先，你要努力去想，我要打造一座水庫。」台下觀眾以為松下在開玩笑，很多人笑出了聲。

但當時也坐在台下的稻盛和夫，就好像被電到了一般，受到了巨大的衝擊。他理解松下想說的意思。想要成功，要在心裡先設定一個目標，還需要有實現目標的強烈意志，然後再通過各種努力去實現。

晚年的稻盛，在著作中發表的「成功的方程式」中，有一條就是「事業的成果＝能力╳熱情」。能力值是零到一百，熱情是負一百到一百，即使能力不是很高，也可以通過熱情來彌補。

稻盛和夫在一九九七年六十五歲時，為了「重新思考人生的意義」，曾一度出家，皈依佛門；後來在二〇一一年〇被日本政府請出，重整已經申請破產的日本航空。他與員工同甘共苦，獲得了部屬們的信賴和尊敬，接手一年便轉虧為盈。稻盛帶領日本航空復活的故事，讓很多泡沫經濟崩潰後喪失自信的日本人，看到了日本經濟再生的希望。

如果把稻盛和夫的理念概括成六個字，或許是「努力、簡單、利他」。哲人已去。但他通過「盛和塾」在世界各地傳播的種子，將會繼續生根、發芽，帶領人們繼續追求幸福。

合掌！

56 送什麼伴手禮，是件十分讓人費心的事情

今天（二〇二二年九月二十六日）是我回到日本的第二天，從早到晚見了六組人，吃了兩次飯、喝了四次咖啡。國際社會正值多事之秋，台灣又是日本各界關注的焦點，所以，聊天永遠不會缺少談資。但是，見什麼人、送什麼伴手禮，卻是件十分讓人費心的事情。

過去從台灣回日本，送伴手禮，有傳說中的「三大法寶」：鳳梨酥、烏龍茶和烏魚子。不過，最近幾年發生了一些變化——鳳梨酥因為已經太有名了，在日本有很多地方都可以買到。

所以，如果一個長住台灣的記者，見什麼人都送鳳梨酥，會給人有些沒有用心準

備禮物的感覺。另外，鳳梨酥禮盒一般都比較大，行李中也放不下太多盒。

烏龍茶和烏魚子比較適合送給年紀大的人。特別是烏魚子，幾十年前曾被稱為「台灣的珍味」。但是，最近在日本，吃的人已經越來越少，甚至送給日本的年輕人，他們也不知道該如何料理了。

我這次回日本，要見很多年輕人。於是，買了一些核桃糕、花生酥、甘草橄欖、牛軋糖等台灣零食，今天分發了一下，感覺效果還不錯。希望之後有更多的台灣在地零食，能夠打開日本的市場。

和人見面時，送一件小小的伴手禮，表示對對方的尊重，是台灣人和日本人共同的文化。在中國也常有送禮的，但一般是求人辦事的場合比較多，而且送的東西都比較貴重，經常發生送人書籍、月餅，在裡面卻裝有現金的事情，這種情況在日本和台灣非常少見。

我現在有點發愁的是，十月初回台灣，要給朋友們帶什麼樣的伴手禮？日本各地都有不同的著名伴手禮。日語叫「土產」（おみやげ），基本上都是餅乾、甜點之類的零食。北海道有「白色戀人」；宮城有「萩之月」；埼玉有「草加煎餅」；東京有みじ饅頭）等等，都很好吃。不知道哪一種更符合台灣人的口味？

「東京香蕉」（東京ばな奈）；靜岡有「鰻魚派」（うなぎパイ）；廣島有紅葉饅頭（も

各地的這些名產，其實都可以在東京買到。不過，我有一種感覺，這些「土產」如果是自己買的，吃起來都覺得味道很普通，但如果是別人旅行的時候專程給你買回來的，吃的時候就感覺味道比較好。或許是，裡面有一些友情的味道吧？

57 台北房子太舊，政府有一定的責任

這兩天台灣地震不斷，而且震度強烈，今天下午（二〇二二年九月十八日），家裡書架上的書竟然掉了下來，我被嚇了一跳。花蓮縣有樓房倒塌，十分令人擔心。有專家分析，台灣可能已經進入了地震頻發期，台灣的老房子很多，希望都能夠扛住這一波天災。祈願大家平安。

從日本搬來台灣生活已經兩年半了。觀察周圍的台灣人，對人生四件大事「衣食住行」中的「住」，不滿的人很多，房子太貴、太小、太舊是主要原因。太貴、太小是由市場的供需關係決定的，但是，「太舊」則是和政策法規有關，政府因此有一定的責任。

過去我在日本曾搬過很多次家，每次找房子的時候都盡量找建成十年之內的新房子。因為日本國會經常修改有關建築的法規，對防震的要求越來越嚴格。新房子大多是按照新的防震基準蓋好的，住起來感覺相對安全一些。而且在東京找房子，以建成十幾年或二十幾年的房子居多，頂多三十幾年。四十年以上的老房子屬於鳳毛麟角，基本上沒有市場。

可是在台灣租房子，四十、五十年屋齡的房子到處都是，還有更老的。岸田文雄首相的曾祖父岸田幾太郎一八九五年在基隆開商店時使用的商鋪（岸田吳服店及岸田喫茶部），今天還在，卻不是作為古蹟，而是作為餐廳，還在接待客人。

走在台北街頭，經常會在市中心看到一些外觀上老朽不堪的舊房子，嚴重影響台北作為國際大都市的形象。更讓人擔心，這些房子在防火、防震方面有沒有問題。

聽說在台灣，因為政府對住宅面積的規定非常嚴格，舊房翻新後往往面積會變小，所以房屋所有者對翻新都不積極，房子越住越老。這種問題，我想世界上很多大城市都遇到過，如果參考一下國外經驗，修改相關法律和政策，應該不難解決才對。

台灣和日本一樣，處於地震帶上，如何提高城市的防震減災能力、保護市民的生命財產，是地方政府的主要責任。

但很遺憾的是，這段時間觀察台灣的地方選舉，一直看到爭論的議題是：「你的論文是否是抄襲的」、「你的文宣容易讓人想到偷窺」、「你當年有沒有擋過疫苗」、「你到底是姓蔣還是姓章」等一些更多涉及候選人個人的問題。這種爭吵對城市的進步毫無幫助。

身為一個台北市的居民，衷心希望候選人們可以把議題回歸到「如何讓台北的老房子能夠更快翻新」、「如何能讓大家住得更安全」，才是眾人之福。

58 您喜歡京都人的說話方式嗎？

台灣某位參選市長的立法委員前幾天（二〇二二年九月二十日）召開記者會時，強調自己會讀書、成績好，不經意冒犯了某所大學的夜間部。澄清時，又提到了另一所學校的具體名稱，引發了另一場風波。

這兩天網路上有很多批評該委員的文字。我仔細看了她的兩段發言，覺得她對兩所學校的師生並非有什麼惡意，只是說話稍嫌魯莽，有點口不擇言，缺乏站在對方立場上考慮問題的習慣而已。

這一點其實非常重要，不僅是作為政治人物，任何一個成年人，如果處理得不好，就可能在不知情的情況下得罪人。到頭來，吃虧的還是自己。

想起了一個笑話。以前，有個人在家設宴，招待了甲乙丙丁四位客人，眼見到了開飯時間，唯獨甲還沒有到。主人心裡很焦急，便說：「該來的不來。」乙聽到以後心想「我好像是不該來的」，於是悄悄地走了。

主人越發著急，便說：「不該走的走了。」丙聽到後很不高興，馬上起身告辭了。主人覺很委屈，對剩下的丁說：「我又不是說他們兩個。」丁一想「原來在說我」，於是也生氣地走了。

所謂「言者無心，聽者有意」就是這個道理。

說到「說話不傷人」的藝術，最有名的就是日本京都人。出身日本傳統文化的發祥地，京都人說話十分含蓄，顯得很有教養，好像總是在誇人。你如果不仔細琢磨一下，根本聽不出來他們的弦外之音。有幾個著名的段子，和大家分享。

和京都人談事情，對方突然說「您的手錶真好看」，其實他的意思是「您的話太多了，我想結束對話，請注意時間」。

如果走在路上，碰到京都人鄰居過來和你說「您女兒的鋼琴彈得真好聽」，那麼其實她想說的是「你家的琴聲太吵了，影響我休息了。請注意一下」。

如果你在工廠上班，京都人的上司說「你做東西真是又精巧又細膩」，其實他想說的是「你的動作太慢了」。

這幾個例子雖然有些極端，但的確代表了京都人說話的特點。在日本各地，來自京都的女孩子往往比較容易交到男朋友，因為跟她們在一起，很少受傷，自尊心經常得到滿足。當然，也有人說，和京都人打交道太累了，因為不知道他們心裡到底怎麼想的。

您喜歡京都人的說話方式嗎？

59 以九十度的鞠躬向對手致敬

在昨天（二〇二二年七月二十六日）舉行的台北羽球公開賽中，台灣選手戴資穎直落二擊敗大會第七種子、世界排名第三十五的日本選手川上紗惠奈，奪下了冠軍。賽後，川上在ＩＧ上發文，除了感謝球迷支持，還透露戴資穎是她的偶像，說這次能和小戴在決賽較勁，真的很過癮。

她還在ＩＧ上貼出一張自己的側拍照，以超過九十度的鞠躬，向對手戴資穎致意。這張圖今天在臉書上被廣泛轉發。我之前沒聽說過川上選手，但看了這張圖以後，對她很有好感。

年輕的選手向自己的對手表達敬意，往往說明這個選手正在積極學習別人的優點，還有很大的成長空間，前途無量。而以九十度鞠躬致意，這種方式也非常日本。試想，如果川上是一名中國選手，輸球後還向對手鞠大躬致敬的話，不管對手是美國人、日本人，還是台灣人，一定會在網上被小粉紅罵得很慘。

我上大學的時候曾經有過不少的打工經驗，做過餐廳服務生、加油站員工、便利商店的店員等。每換一個新工作，都會先接受培訓。最先教的，都是怎樣鞠躬。我當時學得的鞠躬分四種：有十五度、三十度、四十五度和九十度；停留時間分別是一秒、三秒、五秒和七秒。

十五度的鞠躬一般是和人打招呼用；三十度表示感謝；四十五度是道歉；九十度的鞠躬很少用，一般是出大事要鄭重道歉的時候，或者特殊

FEEDBACK

Albert Chxn

在運動場上最容易看出一個國家的文化教養。相較於中國選手在奧運期間頻頻傳出在場上爆粗口，日本的選手讓人家感覺彬彬有禮。這就是一個社會的人民教養！

吳×闆

台灣人被九十度鞠躬，應該都會非常不自在，希望對方趕快起身。鞠躬對台灣人來說真的太慎重，之前每次去鼎王、王品都好不自在……

場合上致意時才使用。如果是小事就鞠九十度躬的話，會讓人覺得小題大作，給人的印象反而不好。

日本人非常愛鞠躬，互相鞠躬最多的季節應該是在每年的四月。很多新入社員剛進公司的時候，在公司裡見到誰都要鞠躬，表達「請多關照」，對方也一定還禮。

四月中旬的晚上十點左右，如果你走在東京新宿的街頭，路上一定會看到幾乎所有的餐廳前，都會站著一群人在互相鞠躬道別。他們大多是剛剛開完「新人歡迎會」的各大企業的員工。加上多喝了一些酒，你會看到一群人互相鞠躬個不停，景象看起來很壯觀又有點滑稽。

在歐美等國，很少有人鞠躬，見面往往是握手、擁抱，甚至互相貼臉來打招呼。而在東北亞地區，

FEEDBACK

Sean Lxn

向矢板先生致上三十度七秒的鞠躬，感謝您一直挺台灣，帶我們認識日本的種種。

Raxxond Huang

文化素質由細節體現，這樣的鞠躬不僅是向對手表示敬意與感謝，更代表川上這位選手理解比賽真正的目的不在輸贏，而是運動家精神，她親身做了示範。

可能是因為農耕民族、人口密集的原因，大家為了避免傳染病的流行，刻意減少人與人的接觸，所以過去中國人用作揖，日本人用鞠躬來打招呼。不知道這種說法對不對。

我在中國當記者的時候，遇到的中國人也沒有人作揖，大多改成握手了。而在台灣，好像鞠躬的人還是有一些，也許是受到日本的影響多一些。大家平常都是怎麼打招呼的呢？會鞠躬嗎？對川上紗惠奈的鞠躬致敬，有什麼感想呢？

60 「我聽說新幹線的時間比鐘錶還要準」

今天（二〇二二年九月十日）的日本媒體紛紛以巨大的篇幅，報導英國女王伊麗莎白二世去世的消息，不少媒體提到了一九七五年女王訪日時，乘坐新幹線時的故事。

日本的新幹線，是一九六四年東京奧運會之前開通的，當時是全世界最先進的鐵路運輸，以高速、準時、安全、舒適等特點，被全世界媒體廣泛報導。女王在來日本之前，就透過外交管道向日方表示：「想體驗一下新幹線。」

女王與丈夫菲利普親王是五月七日到東京的。原本打算三天後乘坐新幹線去京都，但是十分不巧，剛好趕上當時的日本國鐵正在鬧勞資糾紛；五月十日那天，新幹線全線罷工，他們只好改乘飛機去京都。

當時日本的運輸大臣木村睦男專程向女王道歉，並保證五月十二日女王從名古屋返回東京時，可以乘坐新幹線。女王十分高興，隨口說了一句「我聽說新幹線的時間比鐘錶還要準」，應該是想讚揚一下日本的，但沒想到，卻給日方造成了巨大的壓力。

五月十二日上午，女王一行人在名古屋車站候車，當天因為下暴雨，新幹線不得不減速行駛，到達名古屋站的時候，已經晚了兩分鐘。而且女王的行李多達一百七十二件，全部裝上以後發車時，比預定晚了三分鐘。

好在已經雨過天晴，新幹線提速行駛。但路過富士山附近時，為了讓女王仔細欣賞窗外的風景，又把時速降到九十公里。新幹線通過靜岡縣三島車站的時候，比預定時間還晚了兩分鐘。

眼見距離東京車站只剩下一百二十公里了，追回這兩分鐘十分困難。當時聚集在東京車站五樓的新幹線中央指令室的國鐵幹部們，大多已經放棄了，但新幹線的駕駛員，仍在繼續努力。

當時新幹線的最高時速是兩百一十公里，駕駛員將最高時速提升到兩百零九公里，在保證安全、舒適的情況下，以一秒單位來計算每一次加速減速的時機。當「車輛準時通過有樂町站」的廣播傳到新幹線中央指令室時，現場爆出了巨大的掌聲和歡呼聲。

當天下午一點五十六分，新幹線準時駛入東京車站。女王夫婦十分滿意這次乘坐新幹線的體驗，帶著微笑踏上了歸途。

四十七年前，日本的國鐵員工們，以精湛的技術和認真的精神，捍衛了新幹線的尊嚴。可惜的是，今天的日本，信仰這種「匠人精神」的人，已經越來越少。這幾天聽說台鐵的延遲，影響了很多人的生活。介紹一段歷史，與大家共勉。

61／您的拉麵要不要加蒜？

睽違兩年半回到日本，每天從早到晚要見很多人。忙裡偷閒，昨天（二〇二二年十月一日）中午，回了一趟母校慶應大學，目的是去吃一碗校門口的「ラーメン二郎」（二郎拉麵）。

二郎拉麵是一九六八年在東京三田的慶應大學門口開業的，已經有五十多年的歷史。我上大學的時候，只有一家店，而現在，已經如雨後春筍一般，在日本全國各地都可以吃到了。

店主名叫山田拓美，不愛說話，對客人的態度總是冷冷的。但是因為拉麵好吃，店前永遠排著長長的隊伍。山田先生今年已經八十歲了，我上大學時，這家店由山田先生和太太兩個人經營。太太負責招呼客人，先生負責煮麵。後來太太身體不好，就變成了山田先生帶著徒弟們經營。

這些徒弟在幾年之後，都獨立出去開自己的店了，所以現在，二郎拉麵在日本全國，已經有了幾十家分店。還有幾百家被稱為「二郎系」的拉麵店，都是由山田的本店衍生出去的，儼然形成了拉麵的一大流派。

令人感動的是，山田先生只要求所有分店的味道，要保持和本店一樣，並不收取任何的加盟費。一碗拉麵至今仍維持六百日圓（約一百三十元台幣）的價格，已經有二十多年沒有漲價了。

我個人認為，山田店主低調、勤勉、知足的精神，在某種意義上展現出了日本文化的特點，重視自己的社會角色意識，不好高騖遠。

二〇一九年，老先生被授予了「慶應大學名譽畢業生」的稱號，有上千名慶應大學的畢業生，從全國各地趕來祝賀。山田先生依然故我，保持他一貫冷冷的態度。

有人把日本的人氣拉麵分成幾大系統，分別是：二郎系、橫濱家系、大勝軒系和博多系。其中，二郎系我吃的最多，大學時代經常為了吃拉麵排隊而翹課。

二郎系拉麵的特點是麵粗、肉厚、油大、多菜，是年輕男生的最愛。這幾年吃起來感覺辛苦了點，但我每次回日本，還是要找機會去吃上一餐。一是回顧一下自己的青春時代，二是為了感受一下店主的敬業精神。

二郎拉麵的「社訓」非常有名，一共有六條：

一、保持端正美麗、散步、讀書、和微笑存錢，週末去釣魚、打高爾夫球或者抄寫佛經。
二、為社會、為人類做貢獻。
三、Love & Peace & Togetherness。
四、要鼓起勇氣說「對不起」。
五、味道亂即心亂，心亂即家庭亂，家庭亂即社會亂，社會亂即國家亂，國家亂即宇宙亂。
六、您的拉麵要不要加蒜？

猛一看好像有一些無厘頭，但仔細一想，卻覺得很有道理。或許這家拉麵店，正是因為這幾條社訓，才能經營成如此超人氣的名店。

下次大家來日本，如果時間充裕，別忘了去吃吃看二郎拉麵。

62 尋找能量景點似乎是日本特有的一種文化

前幾天（二〇二二年十月四日）在日本，抽空去了一下日本橋的誠品書店。位於東京正中心的這家書店，現在已經成了日本的台灣粉絲聚集地之一。書店裡面幾乎匯集了日本所有的有關台灣的書籍，還有台菜餐廳、台灣食品和雜貨。

以前在日本，我主要讀一些有關台灣外交或政治方面的書，這次發現，這些主題的書僅僅是一小部分。在日本出版的有關台灣的書籍，大部分是介紹觀光和美食的，也有介紹電影和音樂的。另外還有不少小說、隨筆。我買了好幾本，打算找時間好好學習一下。

其中一本關於台灣的「能量景點」的書「パワースポット・オブ・台灣」（Power

Spot of Taiwan），我覺得很有意思。

尋求能量景點似乎是日本特有的一種文化現象，大概在二、三十年前曾一度非常流行，說在自然界中，蘊藏著一種眼睛看不見的神奇力量，可以治療病痛、化解煩惱，甚至可以幫助實現願望。

尋求能量景點，既不是觀光，也和宗教沒有太大的關係，而是對自然的一種敬畏。特別是三十至四十歲的女士，經常結伴或單獨去日本巡訪名山大川或古蹟，來獲取神秘的力量。

我以前有一個同事，每隔幾個月就會出門尋找能量景點。據說，能量景點有「地、水、火、風、空」等屬性，一定要找到和自己符合的才有效。據說如果找對了，對財運、戀愛、升遷、避邪都有幫助。幾年前非常流行的動漫《鬼滅之刃》中，也可以找到一些有關能量景點信仰的痕跡。

日本的三大能量景點是：靜岡的富士山、長野的分杭峠、石川的珠洲岬，具體的效果大家可以上網查一下。今後再去日本旅行，或許可以發現一些新的樂趣。

而台灣也有能量景點這件事，我以前沒有聽說過，還是第一次看到有關這方面的書。這本書的作者松田義人先生，走遍了台灣的兩百一十六處能量景點，做了詳細的考察分析。

他列舉的第一景點，是新北市石門區的十八王公廟，他把高三十公尺的義犬像，稱為台灣版的忠犬ハチ公（忠犬八公）。台灣各地有很多寺廟、教會、神佛像景點被他列入，包括屋頂上有一座鳥居的台南林百貨。

等疫情結束，重新對外開放觀光後，我覺得台灣也可以選出幾個能量景點，好好宣傳一下，說不定可以吸引到不少日本觀光客。也歡迎大家分享你的私房能量景點。

63 在家裡詛咒上司來緩解壓力並不犯法

日本警方昨天（二〇二二年六月十六日）在千葉縣松戶市，逮捕了一位七十二歲的老人，原因是他在五月十九日下午，偷偷跑進了當地的「三日月神社」，用一顆長釘子往神社的樹上釘了一個高三十公分、寬二十公分的稻草人，並且在稻草人臉上貼上了俄羅斯總統普丁的照片，旁邊注上了普丁的名字、生日並寫上了「抹殺祈願」四個字。

這就是日本傳說中的咒術，可以詛咒別人死亡。不過，這位老人被抓的罪名，並不是詛咒普丁，而是未得到許可就進入神社，同時毀壞了神社裡的樹木。因為詛咒別人並沒有科學依據，所以在日本並不犯法。老人被抓之後一直保持沉默，沒有供述他詛咒普丁的動機。

這條新聞在日本的網上引起了很熱烈的討論。很多人都說，可以理解這位老人的心情，如果詛咒真能生效的話，說不定可以拯救烏克蘭的很多人。但他非法進入神社，並把稻草人釘在樹上是不應該的。

在日本古代，咒術被認為是有效的。朝廷中有專門負責咒術的官員，叫陰陽師，而日本歷史上最有名的陰陽師名叫安倍晴明。我查了一下，他的後人都已改為別的姓氏，和安倍晉三前首相好像沒有血緣關係。安倍晴明的名字在日本很多的古典文學作品中都有出現，流傳著各種各樣的傳說，被人稱為半人半妖。後來，很多陰陽師都自稱為安倍晴明的傳人。

日本有很多的漫畫作品，都有陰陽師和咒術出現。很多年輕人都對咒術很感興趣，竟然還有一個「日本咒術協會」的團體在招募會員。而且在網上，稻草人、五寸釘、貼紙等全套的咒術道具也可以買到，據說有些年輕人買回家，通過詛咒上司來舒緩壓力，反正在自己家這麼做也不犯法。

其實這種咒術，在中國也有，據說做法和日本大同小異，也需要用到被詛咒人的生日。中國共產黨的領導人，在建國初期是公布生日的。但是，在六四天安門事件之後，就不再公布生日了。

我在北京時，曾聽一位老幹部說：「他們怕死難者的家屬用稻草人詛咒他們。」此事不知真假。但注重辦公室風水、座駕牌照號碼一定要選雙數的中共領導人，比今天的日本人還要更加迷信，是千真萬確的。

64 在面臨人生重大時刻前，有什麼一定要吃的食物嗎？

昨天（二〇二二年十二月八日）夜裡有看世界盃足球賽嗎？日本隊和克羅埃西亞隊大戰一百二十分鐘之後，比分仍然是一比一。最後ＰＫ決勝負，日本隊終於以一比三告負被淘汰，止步於十六強。

這一屆世界盃，日本隊戰勝了德國和西班牙兩個前冠軍，又和上屆亞軍克羅埃西亞幾乎打成平手，說明亞洲球隊完全有機會成為世界強隊。向日本隊的森保一教練和所有球員道一聲謝謝，真的很感謝他們的精采比賽。

昨天比賽結束後，日本的球員紛紛向日本國家隊的主廚西芳照表示了感謝。曾經擔任過天皇御廚的西芳照，今年六十歲，自二〇〇四年開始出任日本國家隊主廚以來，已經參加了五屆世界盃。這一次日本隊被淘汰以後，他也要退休了。

多年以來，每到不同國家，他都會根據當地的氣候、文化，以及球員們的狀態、口味、需要的營養，制定出不同的菜單，幫選手們在比賽中把自己的能力發揮到最高水準。這一次在卡達，因為當地信奉伊斯蘭教，不能夠使用豬肉，只能多用牛肉和海鮮。為了不讓口味重複，據說制定每天菜單都很辛苦。

重大比賽前，在準備菜單的時候，還要重視食物帶來的運氣。日語叫做「験担ぎ」（ゲンかつぎ），也就是中文的「討吉利」。

根據日本媒體報導，因為上一次戰勝西班牙隊前，日本隊吃的是鰻魚飯，所以昨天

FEEDBACK

Chex Txai

考試吃粽子（包中），過年拜橘子（大吉大利），有不好的事吃豬腳麵線（去霉運）。

Ava Xxp

我香港人，小時候考試當天的早餐：一條煎香腸，兩隻煎蛋。砌成「100」。

Xotsxrm Liao

聯考早上，我媽弄了一顆包子跟一顆粽子給我吃（有夠飽的）。

Fan Makxxo
不論在中文或日文中，「魚」好像都有向上的意涵。中文是「魚躍龍門」，日文是「鰻登り」，真有意思。

Kr Haxaxhi
台灣家庭在年夜飯上都會準備雞肉。吃雞才會「起家」（台語），表示家庭興旺之意。

Txxeshi Chan
香港學生的吉祥菜，要數「腰果肉丁」，寓意「要過，更欲得到 Distinction」。廣東話的「肉」和「欲」是同音的。

在和克羅埃西亞比賽前，選手們又吃了一頓鰻魚飯。

因為日語中有句俗語叫「鰻登り」（うなぎのぼり），形容像鰻魚一樣逆流而上的狀態。某公司的營業額、股價等在短時間內得到快速提升的時候，經常會用到這個詞。所以日本的運動選手在重大比賽之前，經常會吃鰻魚飯來給自己增添好運。

其實，在日本還有一種更討吉利的食物，就是炸豬排蓋飯（カツ丼）。因為炸豬排的日語發音和日語中「勝利」的「勝」字發音一樣。所以在考試、找工作、相親等人生的重大時刻前，很多人都會去吃。

記得當年我參加大學聯考之前，我的一

位高中老師還專門請我到他家裡去，讓他太太做炸豬排蓋飯，祝我考試成功。現在想起來，心裡還是覺得很溫暖。

不知道大家在面臨人生重大時刻前，有什麼一定要吃的食物嗎？台灣各地有沒有這種討吉利的食物呢？歡迎留言。

FEEDBACK

Jui Chu Chang

原來かつ丼有這意思！怪不得六十多年前我考初中午餐，媽媽慰勞我就是買當年在延平南路最高級的日本料理店「麗都」的かつ丼。

Emmx Yu

水果的話，鳳梨是很多人想到的好水果。柿子有時也是，但我們家反而會避免柿子，因為台語的柿子有「崎」的音，就是「崎嶇」，所以拜拜或重要的考試之類的會避開。

65 今天，把七福神的祝福送給大家

今天是二〇二三年元旦。從早上到傍晚一直在家裡趕稿子，沒有出門。很多朋友透過臉書、郵件、Line 等送來了各種各樣的新年祝福，在此表示感謝。也祝大家在新的一年裡身體健康、生活愉快；希望烏克蘭的戰爭早日結束、台海能夠永遠和平。

很多在日本的朋友，發來了到神社去參拜的照片。新年的第一次到神社參拜，是日本人正月裡最重要的活動，叫做「初詣」。今天我看到有人去到東京的人形町、水天宮、濱町等七處神社和寺院連續參拜，也就是有名的「日本橋七福神巡禮」。

據說，正月裡前往「七福神巡禮」在江戶時代曾經十分流行。這幾年又開始受到大家的關注。「七福神」是日本民間傳說中的七位神仙，分別保佑人生中的七件事。

據說祭祀並參拜所有神仙，可以保佑長生不老、生意興隆、全家平安。

「惠比壽」是唯一來自日本本土的神明。可以保佑商人生意興隆。

「大黑天」來自印度，可以給人帶來福報。

「毘沙門天」也來自印度，又稱多聞天王。是北方的守護神，可以給人帶來勝利。

「弁財天」是印度的女神，代表才能和智慧。

「福祿壽」有點像中國的南極仙翁，代表長壽和子孫繁榮。

「壽老人」是來自中國的神仙，據說可以治百病。

「布袋尊」的長相酷似彌勒佛，可以保佑夫婦圓滿、早生貴子。

在日本有很多神社和寺院，很多都只供奉一位神仙。比如說我在日本的家附近，就有一個專門供奉弁財天的神社。我從十五歲開始，只要人在日本的話，正月一定會去一次。

有很多中文的資料說，七福神的來源是中國的八仙，因為八仙之一的藍采和曾經被東海龍王抓走，所以沒有去日本；也有人說，是鐵拐李因為身體不方便，留在了中國。這些說法應該主要是由六男一女的組合而傳開的。

但我個人認為，七福神應該和八仙沒有太大關係。八仙在中國的神話中各自是「男女老幼、富貴貧賤」的代表。他們還有些喜歡惹是生非、爭勇鬥狠的傳說如「八仙過海」、「狗咬呂洞賓」等，好像並沒有造福人類的本領。

有日本學者考證，七福神是融合了神道、佛教、道教、印度教中的各路神佛，演化成的七個神仙，是可以給大家帶來幸福的。

今天，把七福神的祝福送給大家。

願您二〇二三年幸福平安。

66
名古屋的飲食文化對台灣似乎影響蠻深的

今天（二〇二三年一月八日）下午和朋友見面，在內湖一間叫「客美多」的咖啡廳，覺得這個名字取的很有意思。仔細一看，原來是日本名古屋的咖啡店コメダ（Komeda）在台灣開的分店。

コメダ這個名字在日本，漢字寫作「米太」，創業的老闆名叫加藤太郎。原先是米店的老闆，被人稱作「米店的太郎」，簡稱「米太」（讀作 komeda）。沒想到這麼一個由簡稱來的名字，音譯成中文之後，成了「客美多」，客人又美又多，好個討喜的名字。上網查了一下，在台灣已經有二十多家分店，好像比在日本國內經營得還成功。

客美多店內座位的間隔很大，有空間，說話也不會影響到鄰座，有點像家庭式餐廳。可以安安靜靜談事情，不像有些咖啡店那樣讓人覺得鬧哄哄的。我個人很喜歡。

晚上，和另一組朋友吃飯。去的也是一家名古屋料理，叫「世界的山將」，是家炸雞翅的專門店。原名是「世界の山ちゃん」，在日本也很有名。特色商品是「夢幻雞翅」，胡椒味超重、香辣四溢。這間店的店員都用日語招呼客人。

想起前幾天去過的咖喱專門店「Coco 壱番屋」也是來自名古屋的餐廳，忽然發現名古屋的飲食文化對台灣似乎影響蠻深的。

在台灣不但可以吃到很多日本料理，甚至可以細化到日本各地的料理，讓住在台灣的日本人感到十分幸福。

名古屋是日本的美食之都，其料理使用味噌、香辣等調味較多，因此有不少濃味美食。記得上大學時，年少輕狂，和幾個同學打麻將到淩晨，有個同學說，想去吃名古屋市內的一家有名的餃子（日語的餃子等於中文的鍋貼）店，大家紛紛響應。當時沒錢坐新幹線，幾個人從東京花了大半天時間坐慢車晃到名古屋，過了中午才吃上鍋貼。味道鮮美，是我人生中吃過最難忘的一頓飯。

後來當記者以後，出差路過名古屋，又專門下車吃了一頓同一家餃子店，卻覺得味道只能說還好。應該不是鍋貼的味道變了，而是人生的場景不同了吧。

我來台灣以後，吃過很多地方的美食，台南的牛肉湯、嘉義的火雞肉飯、宜蘭的蔥油餅，都讓人印象深刻。比較遺憾的是，在日本能吃到的台灣料理，一般較多的比如說臘腸炒飯等，和香港料理差不多，台灣的特色並不是很強。

隨著台日交流的深化，希望將來有一天，在日本也能更容易吃到台灣各地的特色美食。

67 「交通不安全」是日本人對台灣的主要印象之一

今天（二〇二三年一月二十日）看到一則消息說，前幾天有一對台灣情侶到日本的沖繩去旅遊，下飛機不到一天，自駕就發生了車禍。開車的男方被沖繩檢方申請拘留十天，女友非常心急，上網求助，想找會說中文的律師，引起了熱議。

據報導，該情侶在十六日凌晨開車右轉時，撞到一輛直行、騎單車的男性，導致對方多處擦挫傷。所幸傷勢不算嚴重，但擔任駕駛的男方，在報警後遭到了警方的逮捕。

首先，對這兩位在異國陷入困境的情侶表示同情。如果有必要，可以和我聯繫，我在沖繩有一些朋友，或許可以提供幫助。我對這起交通事故的詳細情況不是很瞭解，不方便在這裡展開評論。不過，藉著這件事，我想提醒台灣社會，一定要更加重視交通安全的問題。

據警政署統計，去年一月至十月，全台灣交通事故的死亡人數是兩千五百六十人。而日本員警廳統計的二〇二二年全年，日本全國的交通事故死亡人數為兩千六百一十人。要知道，日本的人口數和汽車數量，都是台灣的五至六倍。台灣和日本相比，死亡人數竟然不相上下，甚至更多。可見，生活在台灣，每天出門是有多麼不安全。

日本人非常喜歡來台灣旅遊，但是「交通不安全」也是日本人對台灣的主要印象之一。有些觀光客回日本以後，在網上寫下「計程車司機開車超速好恐怖」、「在台灣不敢過馬路」等留言，嚴重影響了台灣的形象。

二〇一七年九月，西日本新聞的台北支局長中川博之，在台北市內遭遇交通事故身亡，導致西日本新聞直接關閉了台北支局。對台灣來說也是一大損失。

有讀者和我說，台灣交通問題的根源，「是爆量的各色車種，以及住商混合的城市生活型態」。此外，「台灣跟日本最大的不同，在於台灣的機車數量超級多，而日本基本上機車是很少的……再加上汽車，那各種碰撞的排列組合很可怕」。他們建議「政府要想辦法限制機車與汽車的數量，開發更便利的大眾交通工具，否則談那些法律是沒用的」。這些意見供交通官員參考。

台灣的交通安全問題，有政府的責任，也有民眾對於遵守規則的安全意識問題。記得我剛當記者、在日本跑交通線新聞的時候，每當發生死亡事故，員警都會詳細調查事故原因，並提出防範類似事故再次發生的方案。

幾個月後，再路過事故現場時，通常會發現，新設了提示牌、紅綠燈。同時，政府透過歷次修法，也加重了對違反交通規則者的處罰。經過長期不懈的努力，日本的交通死亡事故這些年來一直不斷在減少。

另外，由退休員警、教育界、汽車行業組成和贊助的「交通安全協會」，是一個非常有影響力的全國組織。他們長年組織各種各樣的交通安全活動，並和幼稚園、小學結合在一起，從小讓孩子提高交通安全意識，也發揮了很大的作用。這些經驗，或許值得台灣借鑑。

68 政府想少發一個月薪水，所以不過春節了

今天（二〇二三年一月二十一日）是除夕。我的很多朋友都去了日本，聽說這兩天東京的羽田機場人滿為患，說台語的比說日語的還多。日本的新年只過元旦，春節期間對日本人來說只是平常日子。所以，台灣人在東京過春節，基本上感覺不到任何「年味」。

想祈求神明保佑一年平安的，很多台灣的觀光客會去橫濱、神戶、長崎中華街的關帝廟和媽祖廟。聽說有一些日本的傳統神社，為了滿足台灣觀光客的需求，把新年第一次參拜神社的「初詣」延長到了春節期間。甚至有人在網上呼籲，希望日本也恢復過春節的習慣，這樣就可以過兩次新年，大家也可以多休息幾天。

其實，日本到江戶時代為止，一直使用陰曆，也過春節。到了明治六年（一八七三年）才突然改為過西曆的元旦。原因有兩個，表面上的理由是明治維新以後，日本政府積極引進西方文化，認為在曆法上和西方接軌，有助於日本社會的進步。

但真正的理由，是因為當時的日本政府沒有錢了。明治維新以後，新政府採用了歐美的公務員制度，每個月要按時給公務員發薪水，但收稅制度還沒有完善，國家財政捉襟見肘、入不敷出。

而且，按照傳統的曆法，明治六年有「閏月」，全年要付給公務員十三個月的薪水。政府想少付一個月薪水，於是就想出了改採西洋曆法的主意。日本政府在明治五年十一月九日，發布太政官令告知全國，從明治六年開始，採用新曆法。「以後只過元旦，不過春節了」。

要知道，明治六年的元旦，是明治五年的十二月三日。也就是說，從政策公布到實施，只有大約三個星期的時間。於是，全國上下陷入一片混亂。

明治五年的十二月其實只有兩天，是日本歷史上最短的一個月，就這樣，十二月三日也就變成了一月一日。後來，公務員們在一月底領了一月份的薪水，十二月雖然工作了兩天，但是薪水沒有被計算進去，政府混水摸魚地又少付了兩天的薪水。

據史書記載，當時社會上反彈最強烈的，並不是公務員，而是那些印刷年曆的業者。政府宣布改曆的時候，他們已經把第二年的年曆都印好了，但一本都賣不出去、血本無歸。後來政府也沒有給他們賠償。

日本要一直到一八九〇年才開始實施第一次選舉。在還沒有選票監督的時代，政府是可以為所欲為的。

今後，隨著台日交流更加緊密，說不定過春節的文化和喜慶的氣氛，在日本也能體驗到。

69 日本人為何對刺青者敬而遠之？

這兩天（二〇二三年一月二十六日）有媒體報導，有些台灣觀光客因為身上有刺青，在日本想泡大眾溫泉池被禁止。有朋友想讓我談一談此事。

其實，這是一個討論了很多年的老問題。因為日本獨特的社會文化，賦予了「刺青」和別的國家與眾不同的意義。最近幾年，日本社會雖然開始逐漸接受刺青，但大部分店家和個人，對刺青者還是敬而遠之的。

在日本歷史上，其實刺青曾經盛行過一段時間。但是，到了以武士為尊的江戶時代，刺青文化逐漸被邊緣化。因為，武士道精神受到儒家思想的影響很深，對「自傷身體」持批判的態度。在武士文化裡，人唯一可以把刀刃朝向自己身體的場合，就是切腹自殺的時候。

同時，江戶時代也是人口向大城市集中、犯罪率隨之上升的時代。為了打壓犯罪，江戶幕府開始把刺青當作一種刑罰。據史料記載，盜竊和貪汙等經濟犯罪的囚犯，往往被處「刺青刑」。刺青的紋樣各地不一樣。比如說在廣島，就有犯人的額頭被刺上一個「犬」字，是一種相當嚴厲的處罰。

明治維新以後，刺青刑被廢止。與此同時，刺青也被法律禁止了，如果被發現身上有刺青，刺青的人和刺青師都會受到處罰。這條法律一直沿用到一九四八年。所以，在日本人的意識中，往往把「刺青」和「犯罪」結合在了一起。

二戰後，刺青在日本雖然合法了，但因為願意刺青的一般人很少，所以幾乎同時，刺青變成了黑道的「認證符號」。以前有社會學的專家分析過，日本的黑社會成員為什麼都喜歡刺青，主要有三個理由。

第一，是為了向所屬幫派表示自己作為黑道的決心。第二，是為了恐嚇別人；比如說在路上和別人發生交通糾紛，或者去店家收保護費時，不必使用任何恐嚇性的語言，只要把身上的刺青給對方看一下，通常就能達到讓對方就範的效果。第三，是為了入獄時可以少挨欺負；因為身上有刺青的人，大部分背後都有幫派，所以別人會有所忌憚，不敢輕易動手。

基於這些原因，日本的溫泉、游泳池一般都會拒絕身上有刺青的人進入。因為怕他們一進來，別的客人會立刻跑光光，生意就沒辦法做了。不僅是溫泉、游泳池有限制，在日本，身上有刺青的人，一般是不能加入生命保險（壽險）的。因為黑道經常打打殺殺，非正常死亡的可能性又比平常人高得多。

有統計說，全日本身上有刺青的人，大概占百分之一左右，按人口比例，是歐美等外國的十分之一以下。

這幾年隨著外國觀光客的大量到來，日本政府也多次呼籲店家取消「刺青者不能入浴」這種有歧視性的規定。有一些溫泉旅館已經放寬規定。還有的溫泉，推出了可以遮掩刺青的貼紙，只要貼上以後就可以泡湯了。

70 日本相撲是外國力士活躍的舞台

今天（二〇二三年一月二十八日）在東京的兩國國技館舉行的，日本大相撲（おおずもう，Ōzumō）歷史上最偉大的橫綱「白鵬」的引退儀式，十分令人感動。白鵬其實在去年秋天就已經不再參加比賽了，今天舉行的是象徵引退的「斷髮式」。森喜朗前首相、著名歌手松山千春、吉幾三等約三百位白鵬的友人、各界名人，一個一個上前來，用剪刀為白鵬剪去頭髮。最後一個，是白鵬的師父。

大相撲力士頭後挽起來的頭髮叫「大銀杏」。等級在「十兩」以上的相撲力士，才被允許梳前端像銀杏葉一樣散開的髮髻，才能上場比賽。如果沒有大銀杏了，就不能再作為職業選手參加比賽了。

「大銀杏」對一個力士來說非常重要，平常除了幫力士梳髮的「床山」以外，任何人都不可以碰。

今年三十七歲的白鵬，是第六十九代橫綱。身高一百九十二公分、體重一百五十一公斤。創下了史上最多優勝、最多總勝場、幕內勝場，以及橫綱在位最久等，多項大相撲紀錄。白鵬出生於蒙古共和國，父親是摔跤運動員，曾經在奧運會上獲得過銀牌。母親是外科醫生，據說是成吉思汗的後代。白鵬十五歲的時候，和五名蒙古的小夥伴一起來到日本，希望能夠在大相撲運動中出人頭地。

到日本不久後，其他小夥伴都被各大部屋錄取了。但是，白鵬因為身體不夠壯，一直沒有找到入門的機會，差一點被送回國。後來，經過在日本相撲界擁有一席之地的蒙古人前輩旭鷲山託人幫忙，才被當時十分弱小的「宮城野部屋」錄取。

後來，他的師父告訴媒體，白鵬入門初期，為了彌補體重不足，每天除了必須吃的相撲火鍋之外，還要加三大碗米飯、喝五公升牛奶。經過長年的努力和科學式訓練，取得了前無古人的佳績。他的成功，其實也是日本「逐步走向開放」的一個象徵。

大相撲是日本的「國技」，一直是日本最傳統、最保守的體育項目，至今還保留了很多已經沿用了數百年的規矩、名稱和禮節。但是，近二、三十年來，卻成為了外國出身的力士活躍的舞台。

從美國夏威夷出身的小錦、曙、武藏丸，到蒙古出身的朝青龍、白鵬、日馬富士，幾乎霸占了優勝頒獎台，很少給日本力士奪冠的機會。正因為這樣，相撲也隨之被國際社會認知，成為了日本文化的代名詞之一。

順便說一句，觀看大相撲最佳位置，是離比賽舞台最近的「灑砂席」，也就是「可以被比賽時飛揚起的沙土濺到身上的座位」的意思。在這裡，可以看清大力士們比賽時認真的表情，也可以聽到肉體和肉體衝撞時的聲音。但是要小心，躲開隨時可能被推下土俵的相撲力士。

71 我不太敢承認自己是阪神的球迷

今天（二〇二二年三月二十四日）和大家聊一下棒球的話題，看棒球的人多嗎？明天日本職棒球季要開幕了。

我上高中和大學時，是阪神虎隊的球迷，有一段時間相當投入，幾乎是每一場比賽都看，對阪神隊所有選手的來歷和成績可以倒背如流，但是當記者以後工作忙起來，就不怎麼關心棒球了。記得幾年前有一次看報紙，突然發現阪神隊的出場選手竟然一個都不認識，自己也吃了一驚。

但今年，我對日本的職棒又來了興趣。一個原因是日本火腿隊的新監督新莊剛志BIGBOSS。新莊和我同歲，上高中時我就非常關注他，後來成了阪神隊的主力。他很有明星氣質，經常製造話題，成績時好時壞也是他的魅力之一，我也曾多次去球場給他加油。

這一次，他出任教練，在記者會上就不停地出怪招，先說不追求奪冠、又說請牛郎來做公關，吸引了很多眼球。我想看看人氣逐漸低迷的日本職棒，能不能在新莊教練的帶領下吸引到年輕人的關注。

另外一個原因，是台灣籍球員陳偉殷去年轉到了阪神隊。過去，阪神曾有郭李建夫、陳大豐等台灣球員，創造了不錯的成績，讓我印象深刻，希望陳偉殷能夠在阪神隊再創輝煌。

我來台灣以後，一直關注台日的棒球交流。記得兩年前我採訪賴清德副總統時，副總統提出過台灣球隊是不是可以加入日本職棒聯盟的設想，就像加拿大的多倫多藍鳥隊加入美國職棒大聯盟一樣。

我覺得這個想法非常好，採訪登出來以後，讀者的反應也非常強烈。但是日本的職棒非常保守，要修改很多規則才能實現，這件事還要繼續推動。

去年，又有日本獨立球隊的琉球藍海隊申請加入台灣職棒聯盟，但因為不符合有關規定而被拒絕了。中職有外籍選手名額限制，琉球藍海隊難以達成。

我覺得非常遺憾。個人認為，如果雙方的職棒團體能夠修改相關規定，讓日本球隊加入台灣，或者台灣球隊加入日本職業聯盟的話，會非常有話題性。雙方球迷也一定樂於到客場為自己的球隊加油，對發展台日關係非常有利。

最近我才知道，原來在台灣的MOMO台也能看到阪神虎隊的比賽，負責人是我的朋友、以前《蘋果日報》的記者。在此替朋友宣傳一下。

明天開始轉播阪神虎和養樂多隊的三連戰。養樂多隊的前身是產經燕子隊，所以，在產經新聞社內，基本上都是養樂多的球迷。以前我在東京本社工作時，基本上不太敢承認自己是阪神的球迷。

72／客串了一天娛樂記者的心得

大家沒有看錯，今天（二〇二三年二月二十二日）中午我出席了一場記者會，是被稱為「台灣第一啦啦隊美少女」峮峮（吳函峮）的第二本寫真書《QUNing》的發表會。因為負責出版的日商「波麗佳音」和產經新聞社同屬於「富士產經媒體集團」，所以就客串了一天娛樂記者。

這本寫真集是由女演員、也是攝影師的林予晞拍攝的，據說以女性的視角尋找女性的魅力是最大的亮點。峮峮是中信隊Passion Sisters啦啦隊成員，也是模特兒、舞者，她的第一本寫真集是三年前在北海道拍的，也出了日文版，在日本賣得還不錯（我後來看到讀者留言，秀出自己去日本旅行時和寫真集日文版的合影，才發現她的粉絲真的很多）。

「台灣的職棒啦啦隊美少女」這個設定，在棒球大國的日本，還是有一定的話題性的。如果沒有疫情的話，說不定早已經在日本火起來了。

早年的鄧麗君、後來的金城武等來自台灣的歌星和藝人，都曾經在日本大紅大紫。可惜台灣的演藝圈後來過於關注中國市場，在日本活躍的台灣藝人越來越少了。有讀者留言說，「為什麼要把自己鎖在不自由的經濟市場呢？事實上台流會比華流更有獨特性，因為台灣是多元社會」。我非常欣賞這樣的見解。

反而，來自韓國的音樂和電視劇，曾有一段時間席捲了整個日本。不過這幾年，日韓關係變差，韓流在日本的市場越來越小了。來自中國的藝人在日本也沒有什麼市場。最近，日本的演藝圈再次開始關心台灣了。

同時這幾年，台灣和中國的關係也開始緊張。習近平開始整肅中國娛樂圈，逼得大家唱紅歌、表忠心，台灣的藝人去中國賺錢越來越不容易。我覺得藉此時機，推動台日的演藝圈交流、共同發展，應該很有前景。

台灣和日本這兩個國家對音樂的欣賞、審美，其實是非常相近的。波麗佳音在這個時候推出峮峮的寫真集，我認為，是非常具有經營眼光的嘗試。祝這本寫真集在台灣和日本大賣。

客串了一天娛樂記者後，深深感受到台灣粉絲的熱情。我的這篇娛樂貼文在六個小時就收到六千多個讚，比平常政治評論文整整高出了一倍！這樣的聲量反應，讓我不禁考慮起是否該常客串？

73 社會文化介於中日之間的台灣小孩，長大後想要做什麼呢？

今天週日（二〇二三年三月二十日）談一下輕鬆的話題。日本著名的保險公司「第一生命」每年都會做面向全國小學六年級學生的一項調查：「長大後你想做什麼？」

今年的調查結果在上週末出爐了。男生最想做的職業，第一是公司職員，第二是網紅，第三是足球選手。女生最想做的職業，第一是糕點師，第二是護士，第三是幼稚園老師。

去年的調查結果，男生最想嚮往的職業人生也是公司職員。「公司職員」可以說是日本最平凡的工作了，為什麼能夠兩年連續奪冠呢？

有專家分析說，這兩年因為疫情的關係，很多公司職員在家裡工作，讓小孩子看到了父親認真工作時的樣子，從而對父親的工作產生了親近感。而另一方面，今年的調查結果中，女生最嚮往的三種職業，糕點師、護士、幼稚園老師，也都基本上和權、錢、名，沒有什麼關係。

產生這樣的結果，應該和日本的教育和社會氛圍有關。日本的教育裡，可以時隱時現地看到「平凡是福」的價值觀。所以小孩子們也嚮往比較安定，而且難度並不是很高的工作。

另外，日本人一般都不願意表現出與眾不同，也許有一些小孩子心裡明明想當醫生、律師等社會地位比較高的職業，但沒有把握，於是也回答要當公司

FEEDBACK

劉×月

講個笑話，以前獨裁時，有學生的志願是當「蔣總統」。

Lxn-Xung Chang

記得多年前看過一篇報導說，中國父母期望孩子成為領導，韓國父母希望孩子成為碩士或博士，日本父母則希望孩子成為不要給別人添麻煩的人。跟矢板先生這篇從孩子的立場報導的結果有點相呼應呢！

Erxx Lin

小時候不管你的志願是什麼，反正寫到最後一定是：「效法先總統蔣公，反攻大陸解救大陸同胞，當個堂堂正正的口国人。」

吳×妍
這讓我想起不久前聽到的笑話：問家裡的幼童長大後想做什麼，孩子的回答是「當阿公」。只有阿公可以無止盡看電視，什麼都不用做。

Debby Huang
我想當我家的那隻狗狗。

SuPhok Khu
我覺得台灣至少近二十年來的教育方針是「找到自己想做的事，成為想成為的人」。每個人都會有不同的答案，但可以說台灣的文化是介於日本跟中國之間的。

職員，免得將來當不上時自己難為情。

這一點和中國有很大的不同。崇尚「少年心事當拏雲」的中國，一直鼓勵小孩子要懷有遠大志向。記得我過去在中國採訪時，曾看過中國小孩子回答類似這樣的問卷，記憶中好像不分男女，大多都回答想當領導、明星、老闆、科學家。

日本社會的低調，在某種意義上促進了社會的安定，但是少了些變化和衝勁，所以很多人在日本生活久了，會覺得壓抑。相較之下，中國的高調，使社會變得活潑，但也焦慮、浮躁。

不知道台灣的小孩子有沒有答過這種問卷？社會文化介於中日之間的台灣小孩

子，長大後想要做什麼呢？我猜想，應該是醫生、電腦工程師或網紅吧。不知道大家有什麼想法？

另外，我記得我在日本上中學的時候，好像回答過類似的問卷，印象中，我回答「長大想當作家或記者」，沒想到真的實現了。你小時候的志願，有實現嗎？

74 當記者，寫下的每一個字都是自己查證過的

前幾天（二〇二三年二月十五日）突然傳出一代巨星劉文正病逝的消息，台灣的幾大報紙都用整版刊登了追悼文章，各電視新聞台也爭相回顧其生平。沒想到，才不到一天的時間，就出現驚人大逆轉。原來，劉文正還健在，病逝純屬誤傳。這件事可以說是今年在台灣見到的最大的「假新聞」了。我心中不禁有一些疑問。難道，台灣這些媒體，連最基本的雙資訊源查證都沒有做嗎？

想起了一段往事。多年前我剛當記者的時候，在產經新聞的社會部接受培訓。有一天早上剛進公司，就看到電視的字幕跑馬燈在播放「某著名作曲家去世」的新聞。當時，社會部裡有八台電視，二十四小時不停播放日本六大電視台和CNN、BBC

的新聞節目。

我剛剛坐下，社會部的次長就過來說：「某作曲家好像過世了，你去確認一下這個消息是不是真的。」我隨口答道：「除了兩家英文台，六家電視台都報導了這條消息，應該不會是假的吧？」次長聽了，非常生氣地說：「當記者，寫下的每一個字都要是自己查證過了的。涉及到別人生死的新聞尤其重要，最少要從三個不同的資訊源確認過才能寫。」

於是，我乖乖地坐下來開始打電話。花了一上午時間，雖然沒有聯繫到家屬，但從這位作曲家的兩位好友、醫院、殯儀館，都確認了這位元作曲家過世的消息。還問到了過世的時間、病名，以及和親友們最後互動的一些細節。當我寫完稿子，才知道早就有前輩記者把稿子寫好了。次長讓我打電話採訪，不過是公司為了訓練新人而已。這件事情，給我留下了深刻的印象。在我後來的記者人生中，受益匪淺。

近年來，媒體的生態環境發生了很大的變化，網路和自媒體的普及，使記者更容易得到消息了。但與此同時，傳統媒體的衰退，使公司再也沒有財力物力投入那麼多資源去培養新人、確認內容、斟酌稿件了。

其結果，造成了假消息越來越多，報紙和電視字幕的錯別字也屢見不鮮。日本的媒體也是一樣。過去一篇稿子登上報紙之前，至少要有八、九個人過目。現在只剩下四、五個了，錯誤自然要比以前多得多。

犯錯之後的態度，也是很重要的。日本的報紙，基本上都有一個「訂正」欄目，告知讀者前幾天報紙寫錯的地方，並道歉。如果出現誤報別人過世之類的大事，就會由總編輯在頭版撰文，向當事人和讀者致歉，幾天後還會刊登調查報告，詳細告知採訪過程，並反省為什麼會報錯。

這次誤報劉文正過世的烏龍事件，我看到很多台灣媒體把責任推給了前經紀人。個人覺得，這不是一個負責任的態度，對劉文正本人也沒有一個正式的道歉。令人感到有些遺憾。

75 約會時，理所當然地讓男性付帳的女性非常丟臉？

這幾天日本的網路上，熱炒著一個既老又新的話題，就是男女去約會，應不應該由男方來付錢這件事。提起話題的，是知名的 AV 女優深田詠美。

二月十二日（二〇二三年），深田在推特上說：「女生為了去約會，要準備漂亮的衣服、還要化妝，都不便宜。而且為了讓男生誇獎自己可愛，當天很早就要起床做準備。考慮到這些事情，我覺得約會的費用應該由男生來付。」

沒想到這幾句話，引起了軒然大波。很多男生到她的推特下面留言說：「你以為男生就不用買衣服、化妝了嗎？」、「男生還要事先精心準備約會的計畫，有汽車的還要自己付油費。不能光強調女生的付出。」有的男生甚至把自己用的化妝品、香水的照片都貼了出來。留言中當然也有一些支持深田的意見。

二月十九日，居住在日本的埃及女性藝人菲菲（フィフィ）在自己的推特上發表了意見。她批評日本的女權主義者們，每當聽到有人說「女性要負擔家務」時，就會瘋狂地批評，但是當聽到「吃飯要由男性付錢」的說法時，

FEEDBACK

Huxixing Chen

還在培養感情的情況下，我覺得約會時應該要自己吃多少就付多少。如果雙方感情同步進階了，互相請客才比較合理。不過關係是互相的，只要兩人決定好他們之間的相處之道，沒有一方感覺被剝削就好。

楊小×

我是台灣女生，一直以來都是互相請（有來有往），或是各付各的。我不習慣讓男生付全部的錢。台灣女生很獨立。

Graxx Lei

我一直都付自己的飯錢，身邊的女性朋友大多也如此。但如果對方堅持要請，我就會說那下次就不一起吃飯了。總有人愛說台女如何如何，一竿子打翻一船人，我只能同情他周邊都是他不喜歡的女性類型。

洪中×

我一定會付費請客的，但是首先我要有一個對象可以約會。

就沉默不語。她說：「如果真的要追求男女平等的話，這種不公平的時候也應該積極發表意見。」

菲菲同時還說自己認為「約會時理所當然地讓男性付帳的女性們非常丟臉」。菲菲的意見得到了很多人的支持。因為事情鬧得太大，深田先是在推特上收回了自己說的話，並且道歉，之後又專程出了一個道歉的影片，放在YouTube上。

深田說：「因為當天喝了一些酒，沒有仔細考慮就寫出自己的意見。以後一定要注意。」但是議論並沒有終結。深田的影片引來了七千多條留言。在日本的網路上，至今仍然熱烈地討論著這個話題。而且，支持深田意見的，明顯是少數。

看到這場討論，我個人也覺得有些詫異。我年輕時有一個好朋友，和女生約會的所有費用每次都是各付各

FEEDBACK

Axxhur Ong

我可以付錢，但你不能覺得我付錢理所當然天經地義（男女都適用，男男、女女也都適用）。

Moxx Hsu

我如果喜歡他，就會讓他請這一次，然後說下次換我請，以便再藉機約出來。如果不喜歡，打死都要各付各的才行。

曹×誠

各付一半？我們以前想都不敢想！這就是代溝吧？

鬼才阿×

老實說我從來沒有跟女性一人一半過耶。我從小就被家裡教育要幫女性買單，這是一種紳士的做法。所以無論是從認識階段到交往，基本上我都是全部買單。

的。他的做法當時在日本屬於少數派，我和其他朋友還經常拿這件事取笑他。沒想到，這幾年日本年輕人的意識發生了這麼大的變化。女性更強調獨立自主的精神了。我們這一代的想法，或許有一些跟不上時代的潮流了。

不知道現在台灣的年輕人約會，是由男生付帳，還是各付一半呢？

矢板明夫的台日大比較

台灣＋日本除以二，說不定更好

編者　八旗文化
主編　洪源鴻
責任編輯　柯雅云
行銷企劃總監　蔡慧華
行銷企劃專員　張意婷
封面設計　虎稿・薛偉成
內文排版　宸遠彩藝
出版　八旗文化／遠足文化事業股份有限公司
發行　遠足文化事業股份有限公司（讀書共和國出版集團）
地址　新北市新店區民權路 108-2 號 9 樓
電話　〇二～二二一八～一四一七
傳真　〇二～二二一八～八〇五七
客服專線　〇八〇〇～二二一～〇二九
信箱　gusa0601@gmail.com
臉書　facebook.com/gusapublishing
部落格　gusapublishing.blogspot.com
法律顧問　華洋法律事務所／蘇文生律師
印刷　前進彩藝有限公司
出版日期　二〇二三年四月（初版一刷）
二〇二三年八月（初版二刷）
定價　四〇〇元整
ISBN　9786267234358（平裝）
9786267234334（EPUB）
9786267234341（PDF）

矢板明夫的台日大比較：
台灣＋日本除以二，說不定更好
八旗文化編輯
初版／新北市／八旗文化／遠足文化事業
股份有限公司／2023.04
ISBN：978-626-7234-35-8（平裝）

一、文化研究　二、比較研究
三、臺灣　　　四、日本

541.28
112002385